在你的三十而立

致那些陳腔濫調，混出來的人情世故

力口木木
Licomumu
文・圖

悅知文化

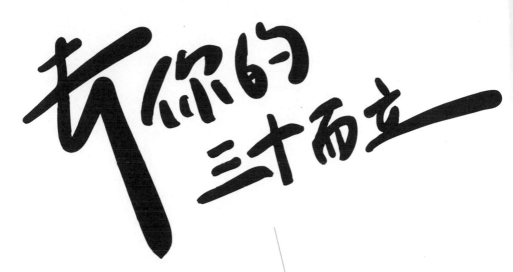

目錄

輯一・名利場上

輯二．社會事實

輯三・行走江湖

輯四．分岔路上

輯五．心懷浪漫

輯一

名 利 場 上

給 走 在 生 存 的 路 上 步 步 為 贏 的 你

想贏，
就按遊戲規則來

這就是現實又殘酷的生存之道

關於現實

曾經以為只要在二十幾歲很努力，到了三十幾歲就能成為理想的大人。就是那種「知道所有事的正確答案，能給出所有正確決定」的那種大人。

果不其然，二十如此而勵，三十當然要邁向「而立」之路啊，去你的三十而慄！

先說說我吧，典型的「偏執性人格」。在那日以繼夜拿肝用腦打拼的二十多歲，有著比別人多那麼一丟丟的迷之信念。特別相信時光一定不會負努力，青春也絕對不會負自己。只要當下做好每件事，傾盡努力，磨刀霍霍，總會等到揮刀那一日的。

是不是！故事就要這麼感人勵志才行，電影不是都這樣演的嗎？沒錯，劇情確實超展開……。

如果奇蹟就是努力的另一個名字，那麼在逐夢的路上，二十七歲的我有幸遇上大佬伯樂，空降百人企業高層，確實讓自己在人生起飛的跑道上多了光環加持，更在主流價值的期待下，有了如夢一般的華麗開場。

那是段特別風光的日子。生活不乏讚美與尊重，更多的是各種友好與陪伴，大家遇上任何疑難雜症都不忘找我出謀劃策，公事私事也要我一起商量參謀給意見。隔三差五都有生意夥伴找喝咖啡約吃飯，週末假日親朋好友都不忘邀約同樂相聚，過年過節過生日，賀禮伴手禮生日趴替，到哪也是一呼百應。

那也是段特別沸騰的日子。哪怕工作再忙再辛苦，但正因為享受到努力帶來的回報和驚喜，所以也更是相信「越努力越幸運」。而對生活極致熱愛的表現，是一副不畏現實，堅守原則和理想的模樣；是一副滿心壯志，野心勃勃只想改變世界的姿態；更是一副只要愛我及我愛的人永遠都在，沒有什麼事情可以難倒我的……浪漫。

當時我真的很單純的以為，只要努力強大自己，我對別人好，別人也對我好，那所有辛苦都是值得的。自己就這樣一路茁壯，一直想著要帶大家一起飛，直至創業……，故事就這樣結束了嗎？

努力——奮鬥——再努力——開花——結果——成蔭——THE END？

等等，還沒賺上大錢，怎麼能結束，精采才正要開始呢。看來每一條往上爬的路，都有它不得不跋涉的理由；而每一條走下坡的路，也有它不得不那樣選的方向。但也只有在登高的路上才會了解，有些事情，不是拚了命就一定有用。如同信任就是一把刀，把刀給別人最後的結局，它不是保護你，就是捅向你。

自己終究還是太嫩了。一旦遇上非己所能控的人心，也只能眼睜睜看著一切崩塌而無能為力。破產、負債、強制命令、存證信函如雪片般飛來……我都還沒來得及緩過神，合作都不談了，專案也都喊停了，員工該散也散了，公司也早就空了，你們能想像到的破事，是的全都有，所以也就不多加贅述了。

而人一旦不得志，所有的人與事就像來到了外太空，好像我連呼吸吐氣都能把他們彈飛到火星去，更別說那些平常週末不見就對你特別思念的朋友，莫名就也三個月不見了，那些所有特別友好的關係，也都漸行漸遠了，剩下來的也只剩那些未經查證的流言蜚語和落井下石。

最後當事實全剩下情緒，很多真相也無需被理解或解釋。這已不只是生存面上的失去，是連心靈上也瞬間被掏空。

如果說「義」字倒過來就是「我王八」，那些家裡沒讓我學會的道理，還是社會來給我上了一課。

原來我們都知道得太多，懂得卻太少

我十八歲的時候一定沒想過自己三十幾歲會活成這樣，明明用盡全力奔跑，在本該感到豐收的年紀，得到了心靈及生存上的一無所有。那感覺就像是在拉屎，你明明已經很努力很用力了，結果出來的只是一個「屁」。

這不只讓我頹靡了好長一陣子，還浪費了一些歲月。直至清醒那一瞬間才明白，有些事情是一輩子都想不通的，人與人之間的情感不是公式，永遠沒有正解，畢竟這不是雞湯，這叫做現實！

最後喚醒自己的，都不會是情義，而是南牆；能刻骨銘心的，也不是什麼道理，而是經歷。

總有人會教你長大，但方式不值得感謝。

現實的背後，就是遊戲規則

說到底這就是「現實」，而這個現實的背後，就是遊戲規則。

既然走入了這場遊戲局中，要麼不願流俗，繼續忠於自我，那麼心情也別輕易被影響，該吃吃該喝喝，想怎樣都可以，就是別期待得到理解與同情；要麼就承認自己會在乎，就是想要被認同，就是想要被擁護，就是需要這些虛情假意來擁抱（看清楚）這世界。

你以為只要有理想有抱負，滿腔熱血和熱愛人生，就會被這個世界善待；但事實上別人的示好和在乎，大多是因為一個人的能力、關係及金錢所帶來的一切資源和好處。所以當擁有上述那些資源時，你就像是全世界最幸福的孩子，是最受歡迎得到疼愛的團寵；一旦失去後，就成了廢物，哭喊著委屈都沒用，難不成是還想被人回收好利用？

後來才明白，自己覺得膚淺或刻意的東西，恰恰就是那些這社會上有價值的東西。

覺得用外表看一個人實在膚淺，偏偏這個社會「顏值即正義」，外型條件好的人更容易獲得好處；覺得交際應酬特別虛情假意，偏偏這個社會拿人手短吃人嘴軟，世界最穩固的關係就是各取所需。

所有會去抱怨這個社會充滿現實與功利的人，都是非既得利益者才會有的愁，那麼與其抱怨規則，不如把自己變得更強大，適應規則，甚至去改變規則。唯有內心先真正接受了這現實背後的遊戲規則，方向越清楚，心才會跟著通透許多。

如果人們的普世價值不外乎「錢」與「權」與「名」。當「金錢」可以收買人心，那就學著借力使力，借勢造勢，槓桿賺更多的錢；當「權力」能換取更多資源，那就努力變強拿權登高，爬到有話語權的位置；當「名氣」可以改變事實，那就產出內容，製造流量，來換取更大的影響力。把那些能用「成績」說話的，能用「實力」來證明的，全轉換成人們心中的實際價值。

反正，是人就多給點利，是佛就多燒點香，總結來說，這現實的背後，承認的也是你的努力。強，才有價值；越有價值，就是越強。

當人們對我視若無睹的時候，就是說明我現在還不夠好，那就得更加努力；當大家開始諂媚邀約的時候，也是代表我又更好了。哪怕這樣的好人緣是因努力而來，這聽起來似乎是個悲傷的故事，那也無妨，長大後的我們，不就更要活成最好的樣子。

用世故對待世界，把真心留給值得，其他的也就看破不說破了。

畢竟對某些人而言，「離開」是因為你讓他忠誠的籌碼不夠，「陪伴」也只是因為你給的誘惑值得他陪坐。沒看懂遊戲規則，沒搞清楚被判出局，不小心犯規，所有苦跟委屈就是自己吞。我們改不了人心，那就學會去看清，這都是長大的必修課。

當看明白了現實背後的關係，不也會發現人們深受其害，卻也樂在其中。既然打不過，就加入；不然天真的人，真的不適合混跡江湖。

不過，真的千萬別誤會了我本意，這並非推崇功利主義，也不是看淡每份真心與實意。

只是當人生上半場劇本已是開高走低，還翻黑躺平過了。那不管之後是谷底反彈或東山再起，哪怕是震盪重挫或短線拉回，想想不就都是個K線圖的事兒。況且我也不是誰，哪來的資格對人說教。說到底人生最後還是得自己戰鬥，殘局也都得自己收拾。

這就是現實又殘酷的生存之道，還是要繼續戰鬥啊！

總有人會教你長大，
但方式不值得感謝。

這就是
一個
以貌取人的
世界

要實力也要美力，高顏值即是正義

關於外表

「5！4！3！2！」「Happy New Year～～」

「我們又一起老一歲了！」

我去！我終於知道為什麼近幾年的跨年夜，隨著台北101倒數結束後，我的心中總是會有股難以言喻的惆悵了。你們聽聽，一群剛滿二十出頭的妙齡少女在一旁自嘲說老了，什麼意思？有沒有想過後面大嬸、旁邊大叔的感受？

雖然很不想承認，我終究還是到了別人問起歲數，神經會緊繃，還會下意識說出「你猜猜？」的年紀了（掩面）。現在就連看個電視也鬧心，一下《二十不惑》還有《三十而已》，都不知道等到女人四十該怎辦，這些編劇老拿女人的年紀來下標，按這邏輯是要先知天命，還是返老還童啊？

雖然還是非常不想承認，畢竟普世價值對於年紀走心的程度，就是來自於歲月帶給人類容顏與身體的變化，實在讓人不忍直視啊。

所以大家別看那些在大眾媒體前，一派輕鬆泰然自若說著「不在意年齡」「這是自然老去」的人甚是瀟灑，其實心裡都是想聽到別人對他們說「你保養得很好耶！」「根本看不出來年紀！」「童顏凍齡」等這種恭維讚美。

這也是為什麼當《慾望城市》女主角「凱莉」莎拉．潔西卡．派克（Sarah Jessica Parker）被媒體網友一直調侃「歲月不饒人」「真的是老了」的時候，明明已是名利雙收的她，還是會沮喪憂鬱地回應：「不然我還能怎麼辦？」反之，咱們呸姐蔡依林在二〇二〇年的演唱會上卻是說：「我今年四十歲了，是一個很棒的年紀，這種感覺真好。」這就叫做「憑！實！力！矯！情」。因為只要她仍然走在大眾對「美好」的定義上，她當然可以很有自信地讓大家知道自己的年紀。

而這背後代表的事實：一是人家真的保養得很好呀；二是人家還功成名就了呢；在實力與美力都兼具的成績單上，當然有底氣說出「這年紀"I FEEL DAMN GOOD"」這種話。所以我們從莎拉和呸姐的故事，可以看出背後潛藏的真正寓意有二。

這就是一個以貌取人的世界，顏值即正義

之前看過一段文字「白雪公主因為漂亮，所以被皇后嫉妒；因為漂亮，所以被獵人放走；因為漂亮，所以被小矮人收留；因為漂亮，所以被王子親醒。」所以有明白嗎？善良沒有用，從頭到尾都是因為漂亮。而當我們真正接受了「顏值即正義」「性別即能力」這種「政治不正確的正確」開始，也等同於接受了性別、外表……等這些膚淺的事實，就是會影響一個人如何生存在這世界的關鍵。

在職場，也許男人有性別優勢，女人的美麗也有相對好處。這雖然並不能決定為人處世的內在優劣，但在這個社會上，我們想要跟人家拚才華、拚能力，一開始需要拚的其實是先給人留下好印象——「美力」。不然這世界沒有人理所當然要透過一個不修邊幅的外表，去理解對方的內在，再厲害的才華和豐富的靈魂，還是得先看上去賞心悅目，也才有欲望欣賞呀。

追根究柢這就是一個以貌取人的世界，「美力」也是一種「能力值」。

你當然可以不接受這論點。你可以明知道人們在意外表，卻偏偏要邋遢示人；你可以明知道隔天與客戶有約，還是要穿個破T爛褲。你想證明以貌取人是錯的，想證明外表不該遮掩了內心的沛然……可以！當然都可以。只要有本事，那就拿出實力來，用成績說話，用實力碾壓，讓世界聽到你的怒吼。不過這條路絕對辛苦不好走，你得花更多的心力去對抗，你得更用力去證明，如果你都不怕了，那我也敬重你是條漢子，只要你有真本事，遊戲規則就由你說了算。

你當然也可以興然接受。管他虛偽也好，膚淺也罷，明明能靠才華，你就是偏要靠美貌；當花瓶又怎樣，好歹也是個青花瓷。換個角度想，既然美麗即是美力，那就是一種軟實力。所以多花點心思投資在自己身上，也是增強實力的一種，怎樣都不算虧。

總而言之，若是真有實力，就算你是醜到怪美的，氣場也能走出新高度，大家就是會看你越破爛越帥；但若是沒實力又不願媚俗，你越是慷慨激昂抱怨訴說，越想拿著道德價值綁架，想要聲討大家就只看外表不看內在，老闆只用帥哥不用醜漢，相信我，真的沒有用的，世界終究是會冷漠對待。

有實力和美力，一生精采才是最高顏值的正義

或許在這樣一個以貌取人的世界裡，當綜合實力與別人差距沒有太大的時候，長得漂亮確實就是一種底氣。然而，美貌終究不是永恆的優勢，是人都得面對時間的殘酷。

就算是以貌取人的世界，還是有歲月期限的。

小時候長得美也許是種運氣，但長大後要美，就是一種能力了。在三十五歲以後，世界都是公平的。所以，與其說人們對年紀感到焦慮，不如說真正讓人焦慮的不是年齡這個數字，而是害怕沒有成為期許中的自己。

所以千萬別小看一個人與歲月廝守的時間裡，生活到底是如何刻入骨進入魂的。當容貌早已不僅僅只是皮相，它是涵蓋心靈、內涵、才智、情感和個性等，最後沉澱成全身的一種氣質與氣場。那就已是肉感無法體會的顏值，也是性格裡的一部分。這也是為什麼很多男人「越老越帥」，很多女人才會「越活越美」。

我特別喜歡王菲一曲《笑忘書》裡，林夕寫下的一句「時間是怎麼樣爬過了我皮膚，只有我自己最清楚。」正是道出箇中味。

時間不會虧待認真生活的人。縱使年齡的背後藏著太多對自我價值的期待與肯定，但終是我們熱衷燃燒卻又無情耗損的一種成長。所以與其被時間控制，不如駕馭歲月。直到自信會讓眼神說話，經歷會給行為力量，從談吐能看出內涵，穿著也能透露出美感，最後性格終會寫在臉上，一個人只要有足夠的閱歷，自然就會散發出氣場與實力，也才是真正戰勝美貌的美力。

總之啊，就算這是一個以貌取人的世界，每個人的心中正義自有不同。長得美麗固然是幸運，但能一生活得精采又美麗，能擁抱歲月裡的自己，能肆意痛快人生，才是我最想追求的高顏值正義呀！

多花點心思投資在自己身上，
也是增強實力的一種，
怎樣都不算虧。

做人最高境界
就是
無比真誠地
虛偽

不只慧眼識英雄，會演也是英雄

關於真誠

這世上有一種人，註定就是會吃很多「太真」的虧。

我說的不是「講話比較直」這種「太白目的真」。「白目」與「真誠」是兩回事，不顧別人感受叫做「自私」。喜歡直接對別人的弱點公開指點，這就是病了，得治，藥還不能停。

我說的是「說真話、辨真事、求真知」這種「坦蕩的真」的虧。

因為當我們從小就被教育著「坦蕩」是美德的同時，這個社會似乎又試圖想要馴服我們去接受一種人性的相悖論。所以在「把話說對，不見得是好的，但是做得對」與「把話說好，不見得是對的，但是做得好」之間，我還是花了大半輩子的時間在學習如何平衡。

就比如「直言不諱說出觀點，高效溝通直奔重點」是很多人的做事風格。但是，對於玻璃心，爾或是習慣用詞含糊、避重就輕、見風使舵、無限拖延、趨炎附勢的人而言，這種擁有「明確觀點」和「直入重點」的人，往往就會被視為「攻擊性角色」，是敵人，得防！但我就納悶了，這實在無關處事圓不圓滑呀，而是連「做事」的時候都要拐著彎說話，到底哪來的毛病？

為何總是都要等到危機出現，才實話實說？為何明明可以先預防的事情，都要等到發生了才來究責？到底是因為擔心一開始多說多錯，還是害怕扛責？難道是因為習慣避重就輕，有事才能明哲保身？

反正我從來不是老師眼裡的好學生，孔老夫子教的我肯定沒學好，工作上就是無法事事都友好，結果每件事情，哪怕我只是提出疑問或只講重點，都很容易被人貼上「反對派」或「不友善」的標籤。長此以往，這種「溝通成本」有時會大到讓人寧願被曲解。

只是當你發現即使就事論事，同樣的事情還是會因為說法不同，而有很大的差別時，你就會明白，有時候事實／心情如何一點都不重要，重點是誰來解釋這些事實。但，總不能老是吃虧吧，還是得找方法呀。慢慢地，隨著職務的需求與擴張，我身邊就會出現一種特別可愛的角色——「本人的官方發言人」。

小智，典型複雜性人格代表。在美國接受藝術教育，家中是經營代理營銷日本商品。在如此小康家庭長大的小孩，儘管接受著西方教育的薰陶，擁有獨立思考的能力和專業的自信，然而行事上，卻像日本人一樣，在自我約束下總壓抑著情緒，缺少突出個性和主見的勇氣，即便不爽或不開心，都仍能完美展現禮貌和忍讓。

試想，當「木木的果斷堅定」遇上「小智的禮貌忍讓」，簡直是：無！比！真！誠！的！虛！偽！

除非是直接面對面Battle的會議，為了避免我的直言溝通容易造成對方的玻璃心碎，為了減少我的硬氣態度容易被人斷章取義，所以只要是對上老闆、投資人，或是乙方，需要靠通訊軟體或電子郵件來表達立場的書信內容，偶爾就會需要我方官腔高手來替我潤飾文字。

舉例：

我的版本

「親愛的〇〇〇哥，

這邊幾件事情說明。雙方是基於信任為前提下才有的合作，但回顧過去，我方一直在妥協和放棄許多堅持，而這次貴司仍是拒絕我們提出的調整要求，一而再不合理的狀態實在讓人無法接受。我再次明確表達我們的立場：我方並非支付費用讓貴司設計師做作品集，多次與貴司團隊溝通皆是得到無法配合的態度，這完全不符合原先期望建立的良好合作關係。我們講求職業精神，如果能講究就不將就，一切要求都是職責所在，盼能理解。

我將如實匯報老闆細節，希望貴司能夠配合並加快進程。如有任何疑問，請不吝與我們聯繫。」

小智版本

「親愛的〇〇〇哥，

非常抱歉打擾您，這裡有一些想法需要與您討論。在我們的合作過程中，我們一直以尊重和友善的態度提出意見，並且願意做出許多妥協。而回顧過去的溝通，我們認為大部分的要求都在合理的範圍內，但貴司還是只願提供少數調整，甚至拒絕。對於我們的需求可能帶給貴司困擾，我深感抱歉。

無論如何，我希望您能理解我們只是希望認真地完成工作，而不僅僅是草草了事。我相信這是每位專業人士所追求的心態，也是對工作負責任的表現。目前，我將如實向上級匯報這些細節，我們的溝通過程一直保持透明和公開。我相信雙方都能明確辨識出我們提出的要求和回應的態度，都沒有超出合理範圍。在確認這些事項後，我們可以順利進入工程階段。

我們非常感謝貴司的努力和付出。如果需要進一步溝通，請隨時與我們聯繫。再次向您表達我們的歉意，希望能夠以友好和建設性的方式繼續合作。」

看到沒，能五句話告知的重點，我家官腔王可以從「請、謝謝、對不起」

給你寫個九九八十一句通體舒暢。似乎連一句「去他×的」都能說得又甜又柔又婉轉。

如果說人情世故就是被人欺負了也要繞一大圈說話，那麼我慧眼識小智為英雄，小智會演也是我英雄，這樣的配合可真好呀。小智都被我訓練成真人AI了。

無比真誠的虛偽，還是虛偽嗎？

其實憑心而論，站在做事角度而言，這根本無關說話圓滑與否，而是對於一個不願違心的人而言，站在利益前面，一旦做「對的事」說「真的話」，就容易成為「錯的人」。若再被牽扯進利益鬥爭的關係裡，難免容易吃虧。

只是當大家最後的選擇大多是把「真話」給吞了，而不願違背心意的我，就是不想變成自己最討厭的那種人。那麼，既然不想讓虛偽帶走真誠，至少可以用虛偽包裝真話吧。

所以我從不覺得和不同的人說不同的話，表現出不一樣的態度就是虛偽。這就像是我可以穿高跟鞋，也可以穿平底鞋；我可以喝生啤酒，也可以喝紅白酒；我可以吃路邊攤，也可以去餐酒館；我可以很強勢，當然也可以很溫柔。

這並不是心口不一，而是一種非常可貴的技能。

凡事沒有絕對，我的態度本來就取決於你是誰，只要是真誠的，那麼就算是無比真誠的虛偽，還是真的。

正如作家蔡康永說過的：「社交時有面具可戴，是值得慶幸的事，為什麼要排斥？」

你若是接受不了，那不如浪漫一點想，就當是「上升星座」的概念也行呀。

我們都知道「做人要方正，處事須圓滑」的道理，但做設計的都知道，圓滑，是出於方正的四角，它可以銳利帶刺，當然也可以修邊柔和，不過前提都是，它的本體是方正的。

因此，我始終深信著：就算處事要圓滑，不代表就得扮演小人；就算從商要手段，不代表就必須要狡詐；以真處事，以誠待人，就算吃虧有理苦也值得。畢竟圓的東西堆不高，必須要方方正正才能堆得高，我想做人也要如此才行。

無比真誠的虛偽，可能只是面具，但無比虛偽的真誠，比魔鬼更可怕。那你說什麼是虛偽？是你假假對我好，卻真真地在騙我，用假意糟蹋真心，這才是虛偽。噁心，非常噁心呀。

我的態度本來就取決於你是誰，
只要是真誠的，
那麼就算是無比真誠的虛偽，還是真的。

老天爺不公平
但一定公道

先有認命，才有韌命

關於公平

我們身邊難免會有一些充滿仇恨的人，總覺得世界不公平，看到那些紈褲富二代，就會心想有什麼好的？「他女人緣好，還不是因為家裡很有錢。」「他又不愁吃穿，當然什麼事情都說得簡單。」看到正妹女神主播嫁得好，就腹誹心謗「反正只要長得漂亮，誰管她內在怎麼樣。」「我明明很優秀，但沒有人家漂亮，就沒人想來理解我呀。」

其實不管是仇富、仇美、仇女，講白了就是對人生勝利組的仇恨，或是打心眼裡對社會階級的傲慢與偏見。但這背後他最仇（愁）的人間事實是「那個人為什麼不能是自己」。

就先以「仇富」來說，倒不如承認是忌妒而產生的酸葡萄心理，這是人性，很正常。真要坦白來說，若把時間軸拉長一點來看，競爭是從上一代就開始了。在台灣稱「靠爸」，在香港稱「父幹」，在中國叫「拚爹」，但管他是爸是父還是爹，人家的老子就是比你的老北還要努力呀！

這樣就無所謂公不公平了，不是嗎？

再說白一點，都說富走三代，你苦讀十年寒窗，又怎能抵得過人家三代的努力累積。這背後還有一個人間真實是：你爹不努力，所以從你開始；你不努力，就得從你兒子開始。若是連你自己也不想努力，還想跟人講公平？

你要知道很多富二代從小就缺少父母陪伴，要麼不是長輩帶大的童年，要麼就是早早被送出國念書。而父母總是等到事業穩定了，有了專業經理人在協助打理企業，才得以有空閒緩下腳步，然而孩子也長大了，成長期間父母沒參與到，長大後就像是法定關係，也只剩相敬如賓了。

雖然不想用「有捨有得」來形容這樣的狀態，但沒比較沒傷害，當人家的父母承擔著高風險奮鬥打拚，犧牲安逸生活的歲月，放棄了親子相處的時光；也有別人家的父母追求平淡安穩的日子，只求份溫飽薪水，該吃吃該喝喝，小日子足矣。然後，現在卻要求過著一模一樣的生活，這才叫不公平吧。

再把時間軸看向我們這一代。

這就像是中距離賽跑時安排的起跑點，最外圈跑者相較於內圈跑者，其起跑點就在最前面。乍看之下，比賽前外圈跑者好像比別人超前一截，但事實上中距離賽跑時會有這樣的交錯安排，為的就是讓每位選手到達目的地所跑的距離是相同的。

也許富二代有著更好的出身背景或人脈，但該跑的距離還是得跑。跟大家一樣要上學、要用心；也跟大家一樣，會自我懷疑、會自我否定；也會想在工作和玩樂中找到平衡，也會問自己「想要的是什麼？」所以論感受，得去面對與承受的苦與樂都是相同的。

而且這些所謂富二代的背後，往往要付出的努力，可能比我們想像的還不容易。當我們為了生存而努力的同時，他們也得努力擺脫其他標籤的枷鎖。就好比爸爸是經營之神王永慶的王雪紅，也是在沒有父親的奧援下，用自己的房子去貸款五百萬作為初創威盛電子（VIA）的創業資金，後來更是帶領著宏達電（HTC）取得美國手機市場市占率第一的寶座，她這富二代也沒當得比較輕鬆呢。更別說勤奮努力出了名的比爾蓋茲，大學輟學在車庫創業的傳說為世人所知曉，但也別忘了，他可是巨擘家庭出生的孩子，媽媽更是美國商圈菁英界名人。

這世上最可怕的，不是別人比我們聰明或有錢，而是他們比我們聰明或有錢，還比我們更努力！正所謂「欲戴其冠，必承其重」就是量級不同罷了。如果我們連現在的自己都承擔不了，又有什麼辦法面對幾百幾億的風險，扛下幾千幾百個員工的生存？

無論這個世界如何改變，無論這個社會如何變遷，一個人的成功與墮落都是自找的，根本與公不公平毫無關係。如果你到現在都不能明白這一點，那至少我是明白了「為什麼你的人生會不如意了」。

強者接受事實並且創造機會，弱者只會在抱怨中等待機會

身而為人會有「比較、嫉妒、不平」等情緒都是很正常的事，只是有些人選擇「嚴以律己」去「起而行」改變，有些人卻會選擇「苛以待人」用「一張嘴」抱怨。

「起而行」的過程中，經歷得越多，越懂得很多事情不是表面上看到的那麼簡單，事情沒有絕對，唯有靠自己去改變；相反的，「一張嘴」抱怨得越多，越是想用批評和嘲諷的方式去說服別人，其實說白了更想說服的是自己，才可以來合理化所有不好的結局。

但是強者會接受事實，想辦法創造機會；而弱者只埋怨別人不識自己，坐等機會上門。卻都忘了正因為世界不公平，所以才有機會用實力討公道求生存；也正因為世界不公平，所以才能讓努力有得到的希望，讓抱怨成為失去所得的實況。

老是想反過來用公平談生存，卻又想要用公道論世界。那麼，越想和世界

計較「得到」，生存就越是讓你「得不到」。好啦，若是重新投胎的話，可能還是會有一些機會的。

如果你有大才華，就全力以赴去追求你的夢想；如果你的才華支撐不起你的夢想，就請先放下你的野心，靜下心來步步累積。

真的不需要埋怨自己的出身，也不需要羨慕人家有個好爹；不要抱怨自己的公司，也不要怪罪沒人賞識才華。這世界最沒有意義的語言就是抱怨，與其花時間自怨自艾，不如暗自努力，離開現在的環境。

你一直說、一直講、一直埋怨、一直牢騷，你若真的那麼清楚「富人的世界」，我也當你只是「旁觀者清」。

「想改變現狀，先改變心態」。因為不管你是正面迎戰，還是消極抱怨，沒有人可以跟生活討價還價。想要多一些選擇，就多些努力，更何況對大多數的人而言，「努力奮鬥」都只是為了能「活著」，所以就別老冠上「努力奮鬥」是為了「成功」這種冠冕堂皇的目標，再用成功與公平的關係，來為失敗的現況與悲慘人生找藉口了。

況且生容易，活容易，但生活哪有那麼容易。你現在的生活，也許不是你想要的，但絕對是你自找的。如果討生活真那麼簡單，這世界成了烏托邦，你又能是柏拉圖嗎？

面對未能改變的事實，先有認命，才有韌命。不然再抱怨下去，這輩子註定就是魯蛇與酸民的命。

打不過，就加入

骨頭太硬就借勢服軟

關於手段

這些年「看演唱會」儼然已成為一件既享受又特別光榮的事。也不知道從什麼時候開始，「搶票」成了一種技術活，而「『能』搶到票」更會成為備受眾人讚美與羨慕的榮耀。

演唱會前，大家問的是「你有買到票嗎？」「有誰搶到票？」演唱會將至，大家說的是「為什麼你有票！」「誰還可以買到票？」接下來，就會是一些斗大的新聞標題【黃牛票飆漲至○○○○元！】。

而提到黃牛，大多是令人深惡痛絕也不屑以待的。偏偏有黃牛的地方，就是有錢賺的縫，它正意味著一票難求，它代表著價值翻倍。但你知道嗎，這水之深，還有分階級的！

前些日子和中國好友阿飛用微信語音聊天，他氣著說：「老子沒有一次買到周杰倫的票！」「黃牛這樣搞，誰會買得到票啦！」「特麼的我就是不想讓黃牛賺這錢！」他操著一嘴大陸口音，一口一句罵得賊溜，把我逗得好樂。

我就單純地想調侃調侃他，便說了：「我是不知道你們那邊黃牛都是怎樣操作的啦，但是供不應求，黃牛盛行不是基本的嗎？」「你又不想多出錢，又沒能力搶到票，嘖嘖嘖……弱！」

他嘴巴隨口這樣說：「特麼的老子也去當黃牛！」

我也只當他是在開玩笑，沒往心上去。怎料，他真的去當黃牛了！喔不對，他是加入了一家搞黃牛的工作室！我去，我真的忍不住噴笑了出來。

大家不要懷疑，阿飛秉持著「寧當黃牛，也不買黃牛」甚至還加入「把賣黃牛票搞成組織」的工作室。彷彿是「老子有錢也不給黃牛賺錢。」「搶不過黃牛沒關係，我就是黃牛！」

這就是傳說中的「打！不！過！就！加！入！」

我實在太好奇了，硬要他跟我說中國的黃牛票市場是怎麼運作的，才知道整個組織運作之縝密，一層又一層，撇除最初買票那些包台撒網或是票務之間的利益鏈，後面的行銷更是門大學問。

原來，牛跟牛之間還有分市場的。

最便宜的是三級市場黃牛，俗稱「底層牛」。阿飛是直接加入工作室，稱為「上等牛」，資源成本價更低，利潤空間也相對高。而且牛跟牛之間也是需要拉幫結派的，但真正厲害的牛都是一對一，也是有師徒制的。

這之中還包括什麼互相引流呀、朋友圈、微博粉、公眾號等，打的就是訊息差戰爭，誰得到的訊息、人脈與資源越多，就能贏。

不過，這也與粉絲文化有很大的關係。畢竟在中國如此龐大的市場狀態下，供不應求是常態，也助長了黃牛的氾濫，這其中衍生變化出來的玩法和套路多不勝數，我光是聽他說，魂都飛了。不就是看個演唱會買張票，至於嗎？

我好奇問：「站在道德與法律的邊緣，難道不會心裡感覺怪怪的嗎？」

這下他可激動了：「臥槽，我們黃牛也是講求良心的！」「這是互相需要！」「有些黃牛還賣假票耶！」「我又不是詐騙賣假票。」

沒看過當黃牛還理直氣壯了，果然是上等牛。

等等，重點不在黃牛的卑鄙無恥太下流，而是站在市場供應原則下，這就是銀貨兩訖，各取所需的事。如果供應量能夠隨著需求量的增加而增加，那麼黃牛肯定銷聲匿跡，但「稀缺性」也正是商品能高賣的原因。

但回過頭來重點是，我特別欽佩阿飛。因為他真的什麼錢都賺，什麼活都幹。也許是在中國狼性社會底層生存久了，這大腦思維的反應之快，凡是與賺錢扯上邊的事全都逃不了他的火眼金睛，每件事情全都一個套路——「打不過就加入」，沒有什麼認不認輸的問題。我總戲稱他根本就是武漢地下經濟之王，配上他一身軟筋硬骨頭，就是最真實的生存樣貌。

正所謂「明白的人識勢，聰明的人借勢，厲害的人造勢。」阿飛就是這種腦筋好，鬼點子多，懂得借力使力，借勢造勢的人。強者打不過，規則拚不過，與之為伍行了吧！

你為我用，我為你用

在做品牌顧問時，我常會遇到一些傳產面臨數位轉型的老一輩企業管理者，持守傳統堅持，「我們絕對不跟×××合作」「這樣不就跟×××一樣啦，我們又不是他們那種 blah blah blah」。

其實，在商場上有些堅持真的沒什麼意義。你比對手弱的時候，即使搖尾乞憐，對方依然鯨吞蠶食你，不會施捨同情；當你想硬碰硬對幹時，敵我懸殊又太大，人家毫不留情也是滅了你，丁點面子也不留。你還真當這是血肉戰爭嗎？又不是一定非得要是「你死我活」的局面，這是商場的戰爭，想要有贏家的智慧，就要有智取的表現。

你若是能屈能伸，那就當彼此是戰略結盟，與對手一起在合作中共同學習和進步，達到雙贏的目的。你若是骨頭又臭又硬，那何不換個思路想，就當這是個狡詐策略，讓對手先與你一起同行，直至強大後再反撲，那才叫真本事。

競爭與合作從來就不用完全是對立的，也可以是相互依存的。在利益的追逐戰中，今天的敵人也許就是明天的朋友。

邱吉爾為了能在二次世界大戰裡戰勝法西斯，不也能和蘇聯同盟合作。大家可別忘了，邱吉爾可是聞名世界的反共領袖之一。就像他曾說的：「這個世界沒有永遠的朋友，也沒有永遠的敵人，只有永遠的利益。」

中國名嘴李誕也在節目《奇葩說》裡說：「其實，現實生活中沒有那麼多『站著把錢掙了』還是『跪著把錢掙了』的選擇，大家都是商量著把錢賺了。」

不管是自尊心這東西，又或是虛榮心這回事，若是無關底線與原則（賣假票就是真的壞），終歸到底都是攸關生存的事。你得有實力捍衛，你也得有能力買單，不然最終都是活受罪。

正所謂自古成敗論英雄，識時務者為俊傑。人真的最該學會的就是審時度勢，什麼時候做什麼事。畢竟，能懂得權衡利弊的人，才能是最大的贏家。

別拿「認真就輸了」這種話當藉口

你還沒贏過，又怎麼好意思說輸贏

關於認真

從前我特別討厭人家說那一句「認真你就輸了」。

明明是一句要人別較真的玩笑話，偏偏從某些人嘴裡吐出來，就變成了一種暗諷工作、愛情，甚至嘲笑整個人生的價值觀。

不能說這句話不對，因為確實也有那麼點道理在。只是看到有些人老用那一副瀟灑大無畏的模樣，還非得揶揄別人幹嘛活得那麼認真，好像這個年代大家都得放下意識形態才夠酷一樣，最後隨口來一句「誒，認真你就輸了」，聽起來就是有點火大。

直到很多年以後，重新品味這份「認真」，就好比「唯物」與「唯心」主義的相對哲理般，一旦切入的角度不同，整個感受便也會跟著走了味。那感覺就像是我在跟你說「做事態度上的認真」，你卻要和我提「情感面上的較真」，根本聊不到一路啊。

就好比面對工作職場，有人說：「認真你就輸了。」背後究竟是在說

「『做事』認真就輸了？」還是問「『做人』認真就輸了？」又比如面對鄉民酸語，大家說：「認真你就輸了。」實際到底問的是「對『事情』認真就輸了？」，還是「對『鄉民說的話』走心就輸了？」所以事實上，重點從來不是「認真」，而是「輸了」。

把重點放在認真，輸贏（心情）便不是大事；把重點放在輸贏（心情），便會發現原來這份認真需要的是被認同。

總括來說，不都是要「先」有個事情認真，才「後」有個事情能走心？但無論如何，感受都不應該是「誰認真了，誰就是個笑話」。

先認真——指的是做事的態度

對有些人而言，認真就是個態度。至少在這樣的做事過程裡變強了，同時間也提升了自己的能力，更多了實戰經驗。也可能因此認識很多人，拓展未來更多可能。就是相信有些虧吃多了，終會迎來厚報。

然而，卻還是有人對你說「認真就輸了」。因為大部分人對待工作，不過就是領薪水的事，又不一定會有合理的回報，升官發財也不見得與自己有關，狗都沒有自己這麼累，但你太敬業、太努力、太拚命，會顯得其他人特別不努力⋯⋯。

後走心——指的是情感放不下

我們都明白，不走心的努力，反而像是敷衍自己。但不能否認的是，「做事認真」也許是個態度，「做人太過認真」有時會輸了氣度。畢竟人都有欲望，有欲望就會想辦法實現，要求越高就越難達到，心裡越是較勁，也越難放手。然而，人生不就是這樣，有些事抓得太緊，反而更是得不到。

所以有時候那一句「認真就輸了」，也是想要表達若已盡力，就別再把精神放在別人的眼光和心情上，否則，太過糾結與執著，就只是和自己過不去而已。

只是，那時的自己並不懂得「認真的差別」，只覺得世上所有的努力，怎麼都比不上別人一句「認真你就輸了」。

人生如果不認真，怎樣都是滿盤皆輸

也許「認真就輸了」只是一個價值觀的問題，從來沒有正確的答案。但在我心裡，會說「認真就輸了」的人，就像是弱者在自我欺騙：「反正一定會輸，那又何必認真。」

明知道天才只占成功案例的萬分之一，其他九千九百九十九人都得靠自己去努力，而你還想騙自己「我只是沒認真」。說穿了就是不想吃苦嘛，沒那好命，還一身毛病，說得好像你一認真起來就能幹成大事一樣，這預防針都不知道是在打給誰心安的？

有些事，你認真，別人才會把你當真；你不認真，你根本連輸的機會都沒有。更何況也只有認真過的人，才配談論輸贏。

但你若是那一種很認真的人，也一定要知道：認真和堅持的背後，需要的是強人的心智和意志力。因為在現實面前，我們是不配擁有真實感受的。只要你努力過也拚命過，那事後就放下心情、放下執著，放下較真的情緒。你只要問問自己，你的認真需要被認同嗎？無論世界如何待你，你依舊會努力去改變，堅持你的認真嗎？如果會，那就好啦，戰鬥下去就是了，管他輸不輸贏不贏的。但如果不會，那你現在又何必努力？不如就別浪費時間了。

既然在這世界，真實感受並不算什麼，結果才是最重要的。那麼無論世界如何對待，關鍵就是要對得起自己，守好那顆心。面對所有的努力，就是先拚盡全心力認真，後放鬆心情不較真。那麼，真若輸也贏，也才能真正舒心不鬧心。

至於那些喜歡對著努力的你說「認真就輸了」的人，我×，你根本沒贏過，到底怎麼好意思說輸贏啦。

別人的屋簷大
都不如自己有把傘

做自己的靠山，永遠不會倒

關於期待

人們總是說「沒期待，沒傷害」，就像是一個大家都明白且認同的人生哲理，但，有時候反而成為另一種「情勒別人，痛苦自己」的源頭。

畢竟真實狀況都是：

本以為可以得到在乎，沒想到……

本以為可以換回真心，結果卻……

本以為可以等來心疼，但是竟……

然後，就是你崩潰到凌晨四點半，他卻睡到十點自然醒；你假裝懂事無所謂，他老爺的還真的不在乎。那些你以為的救贖，往往都會讓你走進地獄。你的心裡總在想，要不是因為在意，真的是「誰！管！你！去！死！呀！」

不過，後來我也懂了：有些事，就是可遇不可求；有些人，就是可親不可近；有些愛，就是可憐不可愛。

若總要讓自己的期待由別人來實踐，才能獲得開心的話，那麼，從今天起不如換個思維來理解。

「期待」從來就不關別人的事，「期待」就是要屬於自己。因為這個世界除了「自己」，其他都是「別人」。

再愛也要清醒，再要好也要理智，不要高估自己在別人心裡的位置，也不要期待他人總會想起自己。因為不是你掏心掏肺，對方就非要真心相待；不是你拿出真意，對方就得要獻上真心。「情義」不是可以等價交換的商品，也根本無法衡量，過分期待，都是所有爛尾的開始。

你的苦苦支撐，說不定在別人眼中都只是輕描淡寫；你的滿腹委屈，說不定在別人眼中都只是矯情造作；你的悲傷痛苦，說不定在別人眼中都只是不過而已。而往往在折磨你的，都不是別人的絕情，而是你心中的幻想和期待。

別人的屋簷大，都不如自己有把傘。

因為不管是面對工作、愛情、生活等，成長本來就是一個逐漸孤立無援的過程。世界不會因為我們的疲憊或失望而停下它的腳步。很多現實我們無法避免，那唯一能做的就是讓自己堅強。如果總是等不到期待的改變，那就讓自己成為那個改變。

而這些所有的「別再期待」，看似是在否定每個「別人」，但事實上，重點都不是「別人」，而是「自己」，要懂得將容易溢出的感情（期待）收回，把屬於「期待」的心情主動權拿回來。

為了讓自己依然擁有期待，就是減少依賴，學著為自己撐傘。學習讓自己強大，然後獨當一面，當身心日益強大，就越不需要依賴，便不再容易被傷害。就像是親自在做的一件事，雖然不能保證結果，但過程可以由自己控制。

如果現在的你總是不快樂，或許就是在期待別人給你結果。不妨從今以後，做自己的靠山，讓自己發光，而不是被照亮。最後，結果，讓我們自己來擁有。

醜話
就是要先說前頭

好聽的話不見得是真話，那是情話啊！

關於情商

「兄弟，最近有狀況，可以周轉一下嗎？」

「借多少？」

「五萬，我每個月還一萬。」

「好，這是你說的。等等帳戶給我。」

「謝謝……我會如期歸還的。」

「我醜話說在前面，我不收你利息，不押票，也不會向你追債，但如果你沒如期還款，一、我一定去你哥公司要款。二、我會跟你爸媽問候。三、你在外偷吃的事，我一定跟你老婆講三天兩夜。我沒開玩笑，雖然我們認識很久了，但不想為了錢傷了友情，所以債歸債，友情歸友情，你三思……」

「沒關係，那算了。」

這是之前在網路上看到的一則截圖對話和貼文，當時超過萬名網友按讚留言。

俗話果然說得好：「對明白人不說暗話，對老中醫不用偏方。」看這位兄弟回話就知道夠內行，因為「醜話就要說在前頭」反正醜話也先說了，你若不還錢，我就把你全家鬧個雞犬不寧，絕對是我最醜代表。

在江湖走跳久了，肯定都知道感情在利益面前根本不堪一擊；而在職場生存久了，也明白做犬儒、做鄉愿、做老好人，更不可能快速進階。這世道有時候就非得讓我們直面人性，以惡制惡，才能保護自己，堅守界限。

所以當朋友問我：「妳覺得跟什麼樣的人合作最可靠？」我想都不想就回：「醜話說前頭的人。」

很多人覺得一開始就把話講這麼難聽，看起來似乎不盡人情，但誰說「醜話」就非得是「難聽話」了？

難道「將所有利弊提前說清楚，將所有規則擺在最前面」，不應該就是工作要有的專業態度，也才是最貨真價實的「契約精神」，更是一種原則明確、專業負責、值得信賴的表現嗎？

因為當你越是了解這個世界是如何運轉，越會知道有太多的合作，都不過只是口頭說說；有多少的利益分算，到頭來甚至會假裝無利。這世上很多人贏得起，輸不起，可以很大方說著賺錢怎麼分，卻從不討論虧錢怎麼算。大家應該也聽過不少「事前兄弟一家地叫，事後母親祖宗地罵」的例子吧。

還有很多一開始為了想要建立合作關係，反而對許多關鍵問題三緘其口的投資項目；以及在許多合作過程中，為了維護那些不知所謂的哥前姐後的顏面或心情，所以迴避了各式各樣的矛盾與問題。怎麼？這時候也只想聽好聽話嗎？好聽的話不見得是真話啊，那叫做情話啊！情話就不是拿來相信的呀。

在我眼裡，這些大家覺得大煞風景的事，就是最重要的風險評估；這些自以為是的人情世故，才是所有事情背後潛在最大的危險因子。我就不明白了，明明可以事先打開天窗說亮話，為何都非得要等到攤牌後，睜著眼睛說瞎話？那麼為了避免事後扯破臉皮說狠話，何不事前先放下顏面說醜話呢？不然每次在利益發生衝突後，一嘴一個真小人，沒人曾經是君子。這真的不叫處事圓滑，這叫浪費生命。

所以，有時就要順著人性來做事。如果你先給個甜頭再賞個巴掌，到底是要人記得甜，還是被打的仇？那還不如乾脆先賞個巴掌，再給甜頭嘗，人家說不准心裡還覺得酸酸又甜甜，那感受特別美妙好滋味咧！

也許有時候說出來的話會打擊到他人，但從長遠看來可以避免更多矛盾發生。尤其是天秤的兩端若是利益的時候，更該戒掉玻璃心，越是重要的決定，越是不能感情用事。

不切實際的言語，最後都會讓人不歡而散

用人情世故的俗語講，也許就叫「醜話說前（錢）頭」。但從經濟學的角度來說，不過就是「降低交易成本」的事，也是一種先思考退場機制的底線思維。

我當然明白圓滑世故是一種能耐，但不切實際的言語最後都是讓人不歡而

散。那倒不如先把醜話先說盡，先把問題都攤開。唯有在共同規則和共同利益之上，才能來談共同價值，否則全部的合作都是耍流氓。

而你終將也會得到一份最穩定的關係，就是——沒、有、關、係！

畢竟這世界有太多不清不楚的你情我願，最後換來的都是恩斷義絕。所以，我可以招待你去吃上萬元的米其林餐廳，也可以請你喝很貴的酒；但是你欠的一千塊還是要還，這就是「規矩」！

記得，好聽的話不見得是真話，那是情話啊！而情話只有「當下」是真的，唯有醜話先說在前頭了，真的假不了，假的也真不了。

結果論英雄
倖存者蹦共

成功的人，放屁都是道理

關於成功

你是否曾聽過這些話——

「淹死的都是會游泳的。」

「成功的人小學都沒畢業。」

「沒有抽菸還是得肺癌。」

這明明是屬於一個統計學的範疇，卻因為加入了人心，導致很多邏輯謬論。

當搜集訊息都只得知「倖存者」的資訊，而忽略了「陣亡者」的證詞，卻都忘了「死人是不會說話的」，而不是「死人的話就是不正確的」，這就是生活中最常見的「倖存者偏差」謬論。

其中有一段話是這麼說的：「在日常生活中，由於成功者的能見度壓倒性高過失敗者，因此，人們總會系統性地高估了獲得成功的希望。」

就像是「天妒英才」的背後是沒人關心蠢蛋的死活，原來「紅顏薄命」也是因為沒人在乎醜女的命有多長。其實生活裡處處都是「認知的陷阱」，只是人的直覺都是選擇相信美好。畢竟不是所有好萊塢的電影都是大片，因為爛片沒有片商會代理；也不是所有矽谷回來的都是科技的人才，因為不是人材的沒機會跟你說他是矽谷來的。最後，不是「別人家的」都是好的，而是「自己家的」你不去看見他的好。

成功的人，放屁都是道理；失敗的人，有道理也是放屁

人心本來就容易看到成功，不容易看到失敗，繼而讓人覺得事情「就應該是這樣」的道理。反正只要是成功者即是對，說話就多了公信力；失敗者即是錯，就算是專家也如業餘。不過，真的是這樣嗎？

正因為我們能接觸到社會各個層次的職業其實非常少，在某種程度上，很容易生活在認知限制的世界裡而無法察覺，一旦習慣用以偏概全的思維方式，

面對那些冠上成功學的道理來綁架眾數人的觀念，就會忽略了那些沉默的大多數，看到的自然不會是最全面的世界，也就掉入倖存者偏差的陷阱——「訊息操控」，然後影響到我們生活的方方面面，「價值認知」也就有了誤差。

在資訊爆炸的時代，各種各樣的成功者訊息讓人們趨之若鶩，你一定也聽過直播帶貨可以發家，靠拍攝TikTok短影音能賺錢，經營電商自媒體能致富這一類的成功學。然而，最關鍵被忽略的訊息卻是，那些還沒發家就沒了家，還沒賺錢就燒光了錢，還沒致富已成了老父的沉默大多數。

這就是利用人的本性，灌輸一些片面但真實的訊息，真話只說了一半，後面只需要引導你去相信，產生倖存者偏差的錯誤認知，就能達到收割利潤的目的。所以那一句「歷史是勝利者寫的」說得對也不對，因為人類唯一從歷史中吸取到的教訓，就是人類不會從歷史中吸取到教訓。

想要降低發生倖存者偏差的錯誤認知，可以這麼做：

一、逆向思維

每次在做市場分析時，我總說：「這不是腹黑，也不是悲觀，更不是唱衰。我提出的是事實，只是希望大家要思考現實。」在做決定的時候，要學會逆向思考，我有什麼能力能賺到錢？我憑什麼實力就一定能抓住風口？為什麼這件事一定要這麼做才能成功？在做事或抉擇的時候，一定要反問一下自己，為什麼自己一定是那個「倖存者」？

不要以為別人能做的，自己也能做到。請全面分析自身情況與外在環境，特別是在理財和投資的時候，不要相信自己的運氣會比別人好，你運氣如果真的好，怎麼沒見你從前買樂透中個八五百萬呢？也不要相信那些一夜致富夜或內幕消息，那個消息若能傳到你耳朵，那肯定也不再是秘密了。如果你能夠從事物的本質來看問題，那倖存者偏差也不應該存在。

二、提升認知水準、看透本質的能力

電影《教父》中的台詞說得很好：「花一秒鐘就能看清事物本質的人，和花半輩子都看不清本質的人，註定是截然不同的命運。」所以是想被困於紛繁、複雜的表象裡，還是穿透表象、洞察本質，在很大程度上決定了人與人之間的命運差異。

也因此「學習知識」很重要的目的，就是要形成一個科學的世界觀，有自己獨立思考的能力。畢竟為什麼倖存者偏差心理會存在，很大程度上是因為自身的知識涵量有限，也就是自己只知道某些表面的訊息，根本不知道關鍵訊息的存在，最後導致判斷失誤。換個角度來說，當你想要做某件事或下某種決定之前，一定要全面性了解相關訊息，從正反兩個角度去思考事情的發展。

三、向失敗者學習，不要忘記沉默的大多數

首先要先意識到「沉默證據」的存在，才有機會獲得更全面的認知，耳聽不一定是真，眼見也不一定為實，需要先打破慣性思維，躲開顯性證據，看到

背後的隱形證據。

再來，只要專業出身的人都會明白一種「職人」精神，在淬鍊中成長，失敗是必然，成功才是偶然，要明白這些都是機率問題，而我們應該是要肯定這樣的態度。因為真的想要實現成功，不是複製成功，而是學習失敗者的經驗和背後那份執著與堅持。畢竟所有的東西都可以學，唯獨有一樣學不來，就是「用心」。

很多事情不能只看表面，如果我們沉浸在錯誤認知下編織的陷阱中，看到的永遠都是虛假的一面，最終我們並不會得到「倖存者偏差」的庇護，反而會成為真正不幸的受害者。所以必須先意識到「沉默證據」的存在，才有機會獲得更全面的認知，找到突破口，成為真正的「倖存者」。

最後何以論成敗？

真正聰明的人都懂得，成敗不用爭，高下也不用論，每個人都有不同的標準。看透了這些大道理，很多時候就不會說出一些決絕的話。真正由衷佩服的也不會是那些絕對的事，反而會是那一顆絕對的心。

就像網路上所說的：「一時的驚艷算不上真漂亮，一朵花的凋零荒蕪不了整個春天；一時的美麗贏不了氣場的魅力，一次的挫折也荒廢不了整個人生。」

真的不以一時成敗論英雄，不以一時得失論高下，不以一時驚艷論美人。唯有努力到拚盡全力，堅持到超越自己，才是人生真英雄。

輯二

社會現實

給走在大人的路上 被世界為難的你

你要足夠強大
然後才有然後

你越強大，世界越公平

關於能力

我特別敬重那些能在職場上呼風喚雨的人，不過我要強調的是，之所以會敬重，不是因為對方有錢、有權，而是因為超強大、夠強大、就是超級強大。

若要用粗俗一點的話，就是：「人家就是夠屌啊！」能夠隨口說出：「我說了算」，甚至還能「不然你能拿我怎麼辦」！

這種「強大」不需要融入任何環境，不需要遷就任何世俗，而是要環境來融入他，讓世俗來遷就他，在那個領域裡，他就是規則，不服就來戰。

就像是電影《穿著Prada的惡魔》中，那個永遠擺著一張撲克臉的時尚女魔頭米蘭達，其原型就是美國版《Vogue》總編輯安娜・溫圖（Anna Wintour），她可說是叱吒時尚圈三十多年「喊水會結凍」的存在。

《華爾街日報》曾說：「你可以不靠史蒂芬・史匹柏（Steven Spielberg）在好萊塢混，你也可以不靠比爾・蓋茲（Bill Gates）在科技業發展，但是你要想在時尚行業成功，就不能不靠安娜・溫圖。」一個被戲稱為

「紐約地下市長」的女人，一個能在時尚圈呼風喚雨的人物，可見其影響力之大。

她可以跩到什麼地步？她可以僅只是因為「想要回家」就讓全球四大時裝週之一的米蘭時裝週延遲日期，你沒看錯「人！家！只！是！想！回！家！」

她到底憑什麼？憑她在一九八八年《VOGUE》銷售下滑、被對手擠掉時走馬上任，一手把《VOGUE》做到全球時尚雜誌影響力第一，雜誌印量和廣告收入持續衝破歷史紀錄；憑她打破潮流規則，因為她就要是潮流本身，憑她就是要讓所有人以登上《VOGUE》封面為榮。

她一成為《VOGUE》主編，就改變了時尚界只有模特兒能成為雜誌封面的傳統，開啟了讓明星名流登封的潮流；她以一件高級訂製時裝上衣，搭配幾十塊的牛仔褲，用平民時尚震驚了以高貴階層為榮的時尚界；她讓希拉蕊脫掉萬年不變的標誌性深色西裝外套；她讓歐普拉想上《VOGUE》，還得先減重十公斤再來；她讓名人想上她的雜誌，就得按她的審美來……。

她留著萬年不變的妹妹頭，連續二十年穿著同一雙鞋；她愛穿皮草，還老是把動物保護協會氣哭，爭議一堆；她高傲冷酷，挑剔苛刻，不苟言笑，雷厲風行，當工作不合心意時完全不會給對方留情面，不讓步，不媚俗，憑著自身的實力，獲得了名與權與利。

人家都說：「當你強大，整個世界都會對你和顏悅色。」這不僅只是和顏悅色了吧，簡直是「卑躬屈膝」。什麼叫做「打工人的天花板」，她就是我墊起腳尖都想碰到的天花板啊啊啊啊啊！

我也不是在瞎推崇這些行為，至今我都還記得當年在看《穿著Prada的惡魔》，心裡也曾單純想著「我以後就要跟安海瑟薇在電影裡飾演的小安一樣，努力奮鬥，不忘理想。」然而，十五年後再次觀影，心境卻早已完全不同，原來我終究還是面對了這背後的事實「你要足夠強大，然後才有然後」，我想就朝安娜・溫圖的強大邁進。

難道這就是成長帶給我的改變，金錢不僅限制了我的想像，現實還奪走了我的天真。

走過路過摔過跌過也站起來過，可以肯定的是，千萬別期待能用最安穩的方式去追求理想，因為光只有努力是不夠的，還得加強自己的實力才行。

安娜・溫圖也許不是一個在道德或人品上完美無瑕的案例，但不能否認的是，當一個人在其專屬領域裡能強大到一個程度，就可以修改美學的規則，甚至能重新定義新時尚的品味。她從不在乎政治正確這些事情，但是對待利己菁英的那一套功利偽善，她也是能順手捻來，只因為她散發出的氣場會說話。

你能怎麼辦呢？就算討厭她，但又幹不掉她。無論是從名到利，從時尚到財富，再到頂層人脈和權力地位，她的鐵腕手段不光是在時尚事業裡，在社交名利場上她全都要贏。給希拉蕊毛遂自薦，為歐巴馬競選籌錢，她的行動從來都是主動出擊，抓住所有可以往上爬的機會，哪怕沒有機會也要自己創造機會，她本身就像是時尚界的殘忍與現實的代言：渴求名利，更不會停下腳步。

唯有自身價值越大，能享受到的善意幫助、包容也越大；當自身價值越小，會承受的冷漠、攻擊、蔑視也越多。這就是世界運轉的規則。

力爭上游，是為了更多的選擇權／話語權

而我想說的是，一個人只要擁有了「選擇」的能力，就是擁有「自由」。什麼是「自由」？自由不是隨心所欲，為所欲為；自由不是只要我喜歡，有什麼不可以。

真正的自由是擁有「拒絕的自由」擁有「說不的權利」。

在職場／現實中，試問自己有選擇的能力嗎？你有說「不」的自由嗎？

「我不想做這個案子……」「我不想跟他合作……」「我不喜歡這個風格……」「我反對這個概念……」「我拒絕這個做法……」「我不要賺這個

錢……」

上述這一切，你可以不想為了錢而努力，沒有關係；你也可以不用為夢想去奮鬥，也沒差。但，你要知道，在這個世界上，不管你到了哪裡，你說的話、你的觀點、你的判斷，要讓人認真聽進去，讓人記住，讓人信服，從來就不是件容易的事。

如果說有些行為，是角色才能擁有的權力；有些擁有權力的角色，是要有能力才能去擔任；有些能力，是要先努力才可以擁有。那麼，若你想要改變不認同的現況，達成心中想要的美好生活，還能說出所有的「不想」和「不要」，除非你是既得利益者，否則就請你把所有不甘與抱怨吞進肚子裡，除了力爭上游，你別無選擇！也才會有這句話：「用實力說話」。

現實就是這麼殘酷，當你弱小時，身邊盡是些張牙舞爪的人和事；當你強大時，身邊最不缺溫柔與暖心的陪伴。

你可以不服，也可以委屈，反正最後就是被淘汰了。人生這麼辛苦，錢不那麼好賺。但若你沒有收拾殘局的能力，就不要太放縱自己的情緒，多點忍耐與努力，快點壯大自己的實力。

因為抱怨從來都沒用，自怨自艾也沒用，所有的一切，唯有強大，然後才有然後。最後就套那一句：「多說無意義，咱們各自努力，最高處見！」

這是一個
善良被當成弱點
的世界

要鋒芒，更不忘善良

關於善良

不知道你是否曾聽過很多類似的委屈，明明有時什麼都不做才是「本分」，明明做多少不求拿多少是「情分」，無奈通常只要做多了，一切就會成了理所當然，到頭來還是會演變成「做得好是應該，做不好就是活該，最後還成了自己的責任」。

這時，最討厭聽到別人火上加油：「你就是人太好，所以才會blah blah blah……」之類的勸戒。甚至，還有人會用著類似責怪般語氣：「誰叫你就是人太好……」

我才納悶了「為什麼人太好，卻要被檢討？」甚至懷疑「為什麼以善意開始的事，最後反成了惡意來收尾？」

難道髒的人多了，乾淨的人反而變成一種錯誤嗎？

這種破事分分鐘都在發生，而且總會惡性循環。有人說：「你若是待人好得毫無保留，別人就敢壞得肆無忌憚」，這也難怪心中那股悵然若失的心情，實在覺得特別諷刺感嘆。

結果當「失去」反而比「擁有」還踏實的時候，自己彷彿看清些什麼，卻也遺失些什麼，但是說到底還是用一次次的失望換來的成長，實在沒什麼值得開心的。

當世界變得不溫柔，當善良不被善待，我們才知道原來想要保有善良，待人的底線就該高一些。因為有些人的好意，是無視他人的存在，是對惡的縱容，是把自己視為局外人；有些人的惡意，是以利益為前提，是犧牲別人為代價，是合理化所有行為。

這個世界有多少自以為是的善，就有多少道貌岸然的惡，所以當「善良必須有點鋒芒」依舊被人甩上巴掌，你才會知道「不要臉，世界最強」是真的存在。

除非你說早已看破紅塵，決心退隱江湖，從此不問世事，不然「你的善良要『有點』鋒芒」還是不夠的！因為在現實生活中，滿腔善意會被人辜負，好心幫人會吃盡苦頭，因此，你要善良，就要鋒芒。有人的地方就是江湖，「人性本善」都是「撥血」（bullshit）。而且紅塵真的不需要看破，紅塵本來就是破的。

通往地獄之路，皆由諸多善意鋪成

為什麼「善良要『有點』鋒芒」還不夠？什麼是「要善良，就要鋒芒」？

你們知道綿羊為什麼不吃人嗎？因為牠沒有能力吃人。所以綿羊很善良，牠不吃人。但是大家想吃肉的時候，還是會把綿羊抓來殺了吃。

綿羊的善良，為什麼沒有得到大家的尊重和善待？因為綿羊的善良，不是綿羊自己願意善良，而是因為綿羊無能，牠沒有吃肉的能力，所以牠被迫善良。

綿羊沒吃你，你有感激牠嗎？你肯定沒有。因為綿羊的善良＝無能。你會特別去尊重一個無能的人嗎？你不會。

之後你遇上了老虎，老虎竟然沒有吃你，你會認為老虎是無能嗎？你不會。你只會認為老虎是善良的。因為，老虎有能力隨時吃掉你，但牠沒有吃你，這才叫做善良。因為老虎的善良＝真善。

這說明了什麼？這說明了弱者的真誠與善良，本質是「無能」，無能只會換來別人的鄙視和欺負。強者的真誠與善良，背後是「大能」，他有能力置你於死地，但他沒有選擇這樣做，所以善良是種選擇，會得到別人的敬佩與尊重。

這個社會太瘋狂，一直勸人要善良，但事實上，單方面的浪漫與低智商的善良，根本就是拿不出手的特長。最後善良被視為缺點，也難怪沒人想當好人，壞人更是無所覺。

我想起電影《教父》那一句：「沒有邊界的心軟，只會讓對方得寸進尺；毫無原則的仁慈，只會讓對方為所欲為。」所以，我們最該反省的不該是真誠和善良，而要改變的是眼光見識和作法。

所以我懂了。如果人都需要被約束，那麼善良也許不會被傳染，但倘若善良是一個命令，是一個被規定要遵守的原則呢？若是為了保護「善」而需要「惡」，那麼一念天堂，英雄似勇者；一念地獄，妖魔化惡人，那從此以後，我就用鋒芒，來善良。

若是唯有變惡，才有可能維護心裡堅持的那一抹善良；唯有變惡，才有可能不讓別人再揮霍彼此情義。那麼，倘若我惡，為的也是「堅持事」而非「傷害人」；倘若我惡，為的也是避免縱容他人，也才能保護所愛。

結果事實證明「性是本惡」。明明和顏悅色就能解決的事，偏要以惡制惡才順行無阻；明明可以是隨手之勞的善行，非要人惡言以對才願意幫忙。如果社會教我要當一個「心存善念的惡人」；我可以不去扎人，但身上必須要有刺；但我若堅持善良，那就要鋒芒。

這不是在提倡「惡」，只是既然人類的欺善怕惡，是深入骨髓的，小善心慈，別人未必會心生憐憫；大善心狠，對方才會敬你一分。

所以縱使明白很多情緒需要克制，但絕對不能懦弱，因為沒脾氣和沒骨氣是兩碼事，事情可以商量，底線不能踐踏，那麼天若不收壞人，壞人就讓善良的惡人[1]來收！

如果來到這世上，連天使都會做壞事，那就當強者不瘋不成魔，弱者易燃易爆炸，我會不斷提醒自己，遇強則強，遇惡則惡，不慣毛病，不慣惡人，就要做個有鋒芒的善良人，也唯有如此維持心中秩序，才能不顛倒心中黑白。

最後，有人理解是萬幸，沒人理解那就淡定獨行。有能力但不傷人，這叫善良，但有能力傷噁心自己的人，這就是本事。

1 此惡非指壞，而是一種心理態度上，如果壞人專欺負好人，那麼你的氣場就要更加強大，以惡之氣場，行正義（對的事）之實。

我可以不去扎人，
但身上必須要有刺。

該擔心的
從來就不是
欲望和野心
而是你的底線

不要低估了欲望，也別高估了自己

關於欲望

《三字經》裡一句「人之初，性本善」絕對是在大中華啟蒙教育體制下，歷經千年依然魔性堅強的一句洗腦詞。

西方世界對人性的了解，是人自出生那一刻起，即有「原罪」後才有「真善美」之論，所以西方人更重視法律與契約精神；然而，儒家傳承精神則是先有「性善論」後才有「性惡論」之說，所以東方人更堅信道德教育對人的成長非常重要。

殊不知，當道德本身竟然也成了綁架他人良心的手段，甚至被人心拿來使惡。那麼，尼采說得對：「喊著要遵從道德的人，本身就是不道德的人。」

人性本惡，成長本就該是不斷自我約束的過程

生而為人，本就有貪財好利的念、嫉妒憎恨的心、耳目聲色的欲。其實，欲望或野心本身並沒有善惡之分，就好比武功本身並沒有對錯，錯的都是習武之人。若是利用得當，便是正能量的來源，促人奮進成功；若是利用不當，便

會激發心底的惡，使人走向毀滅。

有「行為藝術教母」之稱的瑪莉娜．阿布拉莫維奇（Marina Abramović），一生中做過許多讓人歎為觀止的行為藝術，特別是在她年僅二十三歲時最著名的一次行為藝術表演——《節奏零》。她先將自己麻醉，然後在面向著觀眾站在桌子前，桌子上有七十二種道具（包括槍、子彈、菜刀、鞭子等危險物品），觀眾可以使用任何一件物品，對她的身體進行任意擺佈，而她不作任何反擊。一開始大家都小心謹慎，只是用口紅在她的臉上亂塗亂畫，見她毫無反應，慢慢地，有人膽大起來，開始用剪刀剪碎她的衣服，扒光她衣服、拿刀割她脖子還舔血、甚至有人拿著上膛的手槍指著她的腦袋……。

在被人施暴的過程中，瑪麗娜眼泛淚光，內心也充滿恐懼，但是她始終沒有做出反抗。人性醜陋的一面盡顯而出。當她麻醉消退後走向群眾，旁觀者竟然紛紛走避、不敢面對她。在後來的訪談中，她清醒地認識到：「他們真的可以對我做任何事情。如果將全部決定權公諸於眾，那你就離死不遠了。」

瑪莉娜是我在學生時代研究「性本惡」的開始。直到自己踏入社會，在人性與人心之間，特別堅信「不要看一個人到底能有多好，而是要看他壞起來會有多壞」。畢竟要好，誰都可以對人超級好。只要有能力，用金錢能買到所有美好的假象；然而有些壞事，卻不是每個人都做得出來的，但能做出來的也會超出你的想像。

當面對利益與欲望交織的時候，在金錢的誘惑和上位的機會之間，介於貪心和小便宜的差距，對每個職場中人都是莫人的吸引力。然而心動之後，又是否會付諸行動？你認為身邊的人會變成什麼樣子？你自己又會變成什麼樣？你是會撕下面具，展現出獸的本性？還是抑制住崩潰的情緒，變得更加強大？又或是成為一個失敗者，灰頭土臉地離開？

你要知道，利益越大，底線就越低，這兩者一定是成反比的。

說不定眼前早已經有太多小到不行的便宜，你早已貪慣了，甚至不覺得那是「不對的事」，而是「大家都這樣做的事」。只是趁著職務之便，「小便宜」就像是偶爾從公司拿一些文具衛生紙回家、再到用公款吃喝玩樂、然後收點回扣當業務紅包，再到作帳私吞公款……。一次兩次三次，頻率越來越多，數字也開始越來越大，你還渾然不自知。

漸漸地，隨著歲月身分地位的增長，「小便宜」也有可能變成「大利益」；慢慢地，一旦嘗過權勢金錢的甜頭，小欲望也會不斷地膨脹成貪婪。自然而然地，你會利用人與人之間的關係，試圖獲得更多的利益：你會想要不擇手段，不惜利用他人的不幸來達到自己的目的；最後成為被欲望吞噬的靈魂，繼而墮入深淵。

這就是欲望和野心最可怕的地方。

讓人以為強大後，就能掌控自己的人生，實際上還是別人的棋子；讓人以為強大後，就能操縱他人的命運，事實上能操縱的也只有自己！

保有底線的欲望是幸福的

一個人只有在面對困境、面對欲望、面對正反選擇的時候，最後那一條底線，才是最真實的他，而人心也在此見分曉。而大多的故事、悲劇、衝突，就是從此斷點的。

所以要有底線真的很重要，這是做人的基礎、是根本、是不能再退的最後防線。如若基礎不牢，就會地動山搖；如若防線失守，必然全盤皆輸。若毫無底線，終將永遠為欲望買單。

張愛玲曾說：「保有底線的欲望是幸福的。」在這物欲橫流的社會，這世上的美好大抵類似，可壞卻能壞得五花八門。

面對無數金錢和物質的誘惑，只有想不到，沒有不可能。你要知道，最誘惑人的選擇，從來不是上帝給的機會，而是惡魔給的考題。

當別人選擇販賣靈魂來獲得渴望已久的東西；你真能願意選擇堅守自我，就算要走的路會更長、更辛苦，也在所不惜嗎？

我們都聽過太多故事，被「金錢」蒙蔽雙眼，而忘了腳踏實地；被「情感」遮住理智，而忘了倫理道德；因「權力」拋棄信仰，而沒了原則底線。這些事情你一定略有所聞，擺在眼前的事情，都在考驗著人性。是要成為堅守信念的那一個，還是將善良遺忘的那一方？我們大家都是在這樣無數次的選擇中成長。

你要知道，沒有誘惑的時候，誰都能裝出道貌岸然的君子樣。這時也不需要拿「人品」和「人性」做比較，因為當大家都在努力想要改變生活的模樣，就會有人被欲望一步步蠶食著。這本來就不是是非題，而是選擇題。只是當你義正嚴辭指著別人鼻子時，一定要時不時反思回自己身上，底線又在哪？

所以我才會不斷地警惕及告誡自己，「尤其是天秤的另一端是利益的時候，心更要擺正。」因為萬事萬物終究是有代價的，這一切始於自己，亦是終於自己。

相信我，在做人的底線與欲望的上限之間，永遠不要低估了「欲望」，也千萬別高估了你自己。

天秤的另一端是利益的時候，心更要擺正。

人脈
也是講求
門當戶對的

真正厲害的不是你有多少後台，
而是你是多少人的後台

關於人脈

有句順口溜是這樣說的：「有關係、就沒關係；沒關係、就有關係」。這是自己剛出社會時，最不喜歡那些「所謂的大人」嘴裡最常說出的社會事實之一。如今物換星移，換我成了年輕晚輩們口中的大人，也時刻戒懼提醒自己，怎樣都不要成為以前自己口中也會討厭的大人。

所以，每當聽到身邊晚輩們被職場老鳥們洗腦教育著「要多去認識人」「這都是人脈」「關係=利益」時，當他們開始會想把「行銷建立在人脈上」時，人間清醒如我，都還是會不斷在旁邊叮嚀一句大實話：「自己不強大，認識誰都沒用」。

重點不是「你認識誰」而是「誰想認識你」

我相信，在大家周遭一定也有很多事事都要扯關係，處處都要牽資源的人。但你們只要仔細觀察，那些真的能無往不利的人，自我價值才是真的。因為人間現實是，一個自身能力強大到一定的程度的人，他並不怎麼需要別人的幫助。相反地，別人會一直想來找他幫忙，尋求資源，力求合作。因此，當自身強大到一個地步，自然會吸引到同樣強大的人脈與資源，他又有何忙需要人幫？簡言之，當你足夠優秀，人脈自己就會找上來了。

到底什麼是人脈？

「認識就叫關係？」「講過話就是朋友？」「喝過酒就算熟識？」「朋友的哥哥就是熟人？」真的別傻了，這個社會最不缺的就是裝熟來的關係，而這種關係的背後是最醜陋的人性。

很多人以為能叫出名字，拿到名片，打上招呼，就叫「有關係」，就是「人脈廣」。認識誰誰誰，又怎樣？跟大老闆一起吃過飯，又如何？和明星一起喝過酒，然後呢？要不要來打賭，對方下次見到你，說不定根本還不記得你是誰。別人跟他提到你，他可能還會不屑一顧地說「不大熟」，心中甚至暗自心諦「又一個打著認識我的名號……」，真的是不要自取其辱。

當很多人都說，人的成就需要利用他人之長，借助朋友之力；所以做事不如做人，因為人脈決定成敗，人脈決定身價，人脈就是錢脈，這就是人脈的價值所在。

或許道理是對的，但時間與方法用錯了，你當別人是人脈，你就是社死專業戶。

千萬別忘了，「認識多少人」和「有多少朋友」完全是兩碼子事，這跟「見過多少錢」和「有多少錢」是相同的心酸。走跳社會，「人脈」固然重要，「關係」當然能好做事，但老話一句：「人脈，只有握在手裡才是自己的！」

就好比軍權是在皇帝手裡，但手握眾軍的永遠是將軍，而士兵跟隨信服的人也是將軍。

別人的哥哥是別人的，他的朋友是他的，除了你「自己」，其他都是「別人的」。所以若是自己一點價值都沒有，談什麼人脈？

當你在思考「人脈」這件事時，請先思考自己的價值是什麼？你是別人的關係嗎？你能成為別人的資源嗎？當你總想著希望別人為你做什麼的時候，你又能夠為別人帶來什麼呢？

人脈，說白了就是種「價值交換」，一切都是建立在雙方都有利用價值的基礎上。它不是追求來的，而是吸引來的。只有等價的交換，才能得到合理的幫助。這樣的交換可能是情感上的付出，也可能是金錢上的交易、智慧上的分享等。

有些朋友會是「人脈」，有些朋友就是「純友誼」，只是要看彼此之間如何對待。

但是，請務必相信我，若要把情感作為價值來交換，哪怕是過命的交情在更大的利益面前，都是不堪一擊的。一定要先認清這個殘酷的事實，再來思考是否要將友情當人脈來對待，畢竟這也彰顯了一個既關鍵又殘忍的事實——「對方當你是什麼？」

你期待朋友能夠情義相挺，人家卻要跟你計較分明；你覺得親兄弟也要明算帳，最後為了利益還是各飛東西，甚至是人家根本沒拿你當回事，你的心傷得起嗎？你的錢輸得起嗎？

最好的資源永遠是勢均力敵

你想想，如果你是個沒利用價值的人，就算認識了大老闆，你又是哪裡來的自信，覺得對方會笨到拿自己的事業和你搏感情？而他若是真的把你當朋友，想要情義相挺，那麼你不用主動說，他自己就會主動想幫忙。所以，你與大老闆之間的「價值」到底是什麼？

人脈也是講求門當戶對的。那些特別急切想認識別人的人，往往就是別人最不想認識的人。你若真是有實力，哪天也成了大老闆，所有人都會主動和你搞好關係，巴結你都來不及了，哪還需要你急著去和他攀關係結人脈。

被人拉起來，跟自己站起來是兩碼子事。實力，才是安身立命之本，也是擴充人脈之本。

這世界沒有任何一種關係能讓你理所當然去依靠，自己沒有能力，認識誰都沒有用；自己沒有價值，所有關係都在風中飄。想要打造最穩固的關係，那就是「各取所需」。盤點那些關係的破裂，都是因為期望落空。所以沒了「各取所需」，也會擁有最穩定的關係——「沒有關係」。

當你認清楚，一旦你不優秀了，人脈全是假的；那麼真正厲害的，不是你有多少後台，而是你是多少人的後台。與其去攏絡人脈，何不讓自己變成別人都想結交的人脈呢？

「多認識人」「拓展交際圈」都是好的，但交朋友就好好交朋友，有機會多認識人的時候，就真心誠意地相處，不需要把每個「認識」與「相處」都和「利益人脈」沾上邊，你自己不覺得難看，也要替朋友留點臉啊。

在還沒足夠強大時，與其花很多時間經營無用社交，不如多花點時間讀書、加強專業技能，養精蓄銳，提升自己的實力，讓自己的價值展現出來。所謂的人脈才能是機遇，好運也才會層出不窮。不然當能力撐不起野心，那些自認為的捷徑都不過是彎路。

真正的人脈，都是成功以後的結果，而不是通往成功的途徑。

正所謂萬丈高樓平地起，輝煌還得靠自己。如果說先有實力，才有人脈，那麼想要世界更大更廣闊，你就要相信：種好梧桐樹，自有鳳凰來。

現實面前
別說錢不重要

最需要爭的那口氣，就是別和金錢過不去

關於金錢

來聊點俗氣的，就是來談談錢。

出生在優渥家庭的W，三十五歲之前沒為錢煩惱過。他不需要埋首工作，也不用為生計發愁。把打工賺零花當生活情趣，不僅能結交志同道合的朋友，更能增廣見聞，反正日子過得豈只是一個爽字了得。

前些日子，聽說他家裡有小孩患上肢體相關的罕見疾病，歷經多次手術後，還得裝上復健支架，治療及康復過程漫長，需要各種不同專業醫護的協助，還需要伴隨年紀的增長和病情狀況去重新訂購昂貴的支架系統……。長此以往，沒有保險的狀態下，最終被疾病拖垮了豐厚的家底。

此一時彼一時，如今W為了穩定家中開銷，開始長年奔波於外，認真賺錢，畢竟在現實面前，沒錢就是沒選擇。

還有一個故事。K的媽媽罹癌，檢查後發現是末期了。照醫生的說法，如果保守治療，應該還有機會活半年到一年，甚至更多，然而阿姨卻直接選擇放棄了治療。

「沒必要浪費錢，不治了。」

是呀，生老病死都是命，治不好了幹嘛治。但事實上，家裡人都知道，阿姨就是不想給家人增添經濟負擔。所以當大家一直勸著阿姨不要放棄希望時，卻都忘了還有一種心情是，在現實面前，沒錢就是沒選擇。

而這一切都不是想不想的問題，而是根本沒有選擇「要」或「不要」的權利。因為擺在現實面前的只有一條路，那就是「要不了，也要不起」！

有沒有那麼一刻，你也曾感受到貧窮離自己那麼接近過？有沒有那麼一刻，當你的錢包連一頓飯錢都付不起的時候，當你因為高額的醫藥費而不得不放棄治療的時候，當父母硬著頭皮為了兒女的學費去向人借錢的時候……。

那一刻，沒有真正經歷過貧窮，是不會了解到當希望被貧窮約束，它就是會毫不留情地削弱抬頭挺胸的底氣；那一刻，沒有真正經歷過貧窮，是不會感受到從貧窮延伸出的千萬窘態，它是會在人性深處扎根出最深的絕望；那一刻，沒有真正經歷過貧窮，是不會明白到「有錢真好」和「如果有錢就好了」之間的天差地別。

也唯有缺過一次錢，才會真正明白到「金錢」意謂的是「可以選擇做什麼，而不是只能做什麼」；也真的只要缺過一次錢，就會真正了解到「在現實面前，沒錢就是沒選擇，你不認也得認」。

維持人生的，除了信仰與理想，再來就是錢

這不是要推崇「金錢至上」的想法，也沒有要強調「錢不是萬能的，但沒有錢萬萬不能」才是生活事實。

但我們不得不承認，這世界有太多我們辦不到的事，錢都能辦得到。生活有大部分的快樂和自由，得靠金錢來支撐；也有很多的麻煩和情緒，能用金錢來排憂。更可笑的是，用錢當然買不到快樂，但別人會想辦法讓你快樂。儘管有錢不見得能讓我們幸福，但可以肯定的是，沒錢一定會讓我們很不幸。

當然也會相信「金錢不能衡量人的價值，財富不是人生的終點」是人生價值。相對的，也知道「當金錢站起來說話，所有的真理都會保持沉默」的生存現實。

我們不得不承認，太多的事情一旦擺在生存面前，都是不值一提的。當沒錢的人拚命賺錢，有錢的人想賺更多的錢，那麼沒嘗過真正貧窮也沒想大富大貴的你，也不需要站在自己無虞的價值上，不屑一顧別人為了金錢而奔波的努力，更別輕視別人面對貧窮時的無奈。

因為在現實面前，能維持人生的，除了理想和信仰，需要的就是滿滿銅臭的金錢。

房租房貸是錢，水電瓦斯費是錢，電線網路費是錢，出門交通是錢，吃飯喝水是錢，開燈洗澡睡覺也是錢，只要你還在呼吸都是錢錢錢時……。

沒錢又要拿什麼去維持生活？沒錢又如何能照顧親情、經營愛情和聯繫友情呢？

說到底，我們所有的努力，最終就是為了讓生活過得更好。也不管我們願不願意承認，要過得更好的前提就是「有錢」。而「有錢」才能擁有的生活品質，正是「量變」帶來「質變」的最好證明。

所以在現實面前，你最需要爭的那口氣，是別和金錢過不去。當所有的問題，都可以透過賺錢來解決時。比起無力餘生，努力賺錢才是最大的美德；比起窮困潦倒，努力賺錢就是最體面的生存方式；比起一事無成，努力賺錢就是自身價值的最好表達。

成年人的底氣就是銀行的存款

這時候，大家對自己的未來計畫都有著同一個開頭「等我有錢了」。但是「等我有錢了」也是一個偽命題。

財富沒有終點，我們永遠不會知道多少錢才算是「已經有錢了」，誰都不會知道，生活會在什麼時候給你一個當頭棒喝。誰也不會知道小孩怎麼就得了罕見疾病，更不會明白母親怎麼就會罹了癌。

平日大家都是一日三餐，看不出來什麼區別，一旦有事發生，錢的殘酷與溫柔就會一覽無遺。

真正的現實是，賺錢的速度遠遠趕不上花錢的速度，等你有了錢，或許你已經老了；等你有了錢，或許一切都已經變了。最後，我們感覺不到順其自然有多自然，但一定能感受到現實有多現實。

在現實面前，別說錢不重要；所以在現實面前，我們都要清醒一點。

錢不是生活的目的，但有了它，我們才能隨時擁有選擇權，才能生活得更健康、更自由、更有尊嚴。所以努力工作、努力學習、努力成長，努力賺錢，不是為了改變世界，而是為了讓自己有足夠的能力，抵禦世界對自己以及身邊人的改變。

唯有經濟獨立，才能在父母生病時，及時盡到子女的義務：在孩子成長過程中，給予完善的教育；在感情出現裂痕時，可以勇敢地做出選擇。在面臨健康、尊嚴、自由即將被剝奪的時候，可以為自己奮力一搏。

每個人對金錢的態度，其背後就是一種價值取捨，隱藏著我們內心對於金錢的信念模式。

這不是在鼓吹金錢崇拜，而是一種「堅定價值」的信念。當金錢是能力和本事的代名詞，更該善用之；反之，金錢若成邪惡與陰險的爪牙，當然寧可窮死，也不能受之。

會賺錢才會懂得花錢，花錢才能痛快，因為那是價值交換；不會賺錢才會害怕花錢，花錢才會痛苦，也才會斤斤計較。

說到底，成年人的底氣，終究得靠銀行裡的餘額才能穩而堅實。

「有錢」不該是做想做的事情的標配，「有錢」是不想做什麼的時候的底氣。「有錢」是對抗風險和說「不」的最大本錢，「有錢」才是自己能給的安全感。

最後，也唯有當你不被它限制的時候，才有可能真正成為一個「豐沛的人」。

只要缺過一次錢，就會真正了解到
「在現實面前，沒錢就是沒選擇，你不認也得認」。

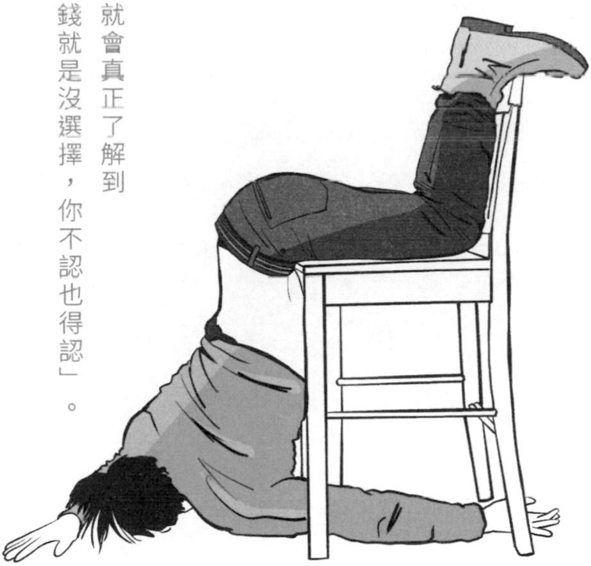

必要之惡，還是惡

做不到「問心有愧」那不如「偏要勉強」

關於道義

是否曾聽過「小蝦米鬥大鯨魚」的故事？或是「資本市場只在乎利益，誰跟你討論情義」的現實，還是懷疑過「法律到底是弱者抵抗外侮的保護傘，還是強者仗勢欺壓的武器」？

也不知道自己要經歷幾次這種血淋淋的殘酷事實，才會覺得這一切都是合情合理的。但這就是去他×的現實呀，若要說工作讓我感到最挫敗的時刻，真的就莫過於此了。

比方說，企業併購轉讓改組時，×××的合約，新公司就不認了、那個說好一起的○○○就被無預警裁掉了、那個一起打拚多年的ＹＹＹ薪水莫名少了；又或者變賣收購新創這回事，站在利益上也許只是左口袋進右口袋，一件金雞孵蛋的事，但歸根究柢還是一樁養娃賣娃的買賣，而ＺＺＺ從頭到尾就是拉拔孩子長大的奶媽，一分好處都沒沾到，一夜之間整鍋就被端了，孩子拱手也被抱走了……。

當「社會現實」與「人情世故」有了衝突，到底是道理重要，還是道義可靠？×××會不會有委屈？〇〇〇會不會感到背叛？YYY會不會覺得氣憤？ZZZ是不是一直被利用？不，在資本市場的世界，利益站在前面說話，一切真理只能沉默。

通常心路歷程會是這樣的：很多時候，你眼睜睜看著事情發生卻無能為力，明明知道這一切不應該是這樣，自己卻無法改變，特別難受與無力，惱火自己是不是還不夠強大，總覺得還可以改變些什麼，所以仍不想放棄，想在塵埃落定前奮力一搏。但，事實證明了，意氣用事根本無濟於事，然後明白仗義本身就是與現實相悖，最後也只能接受現實中那些求而不得，而這就是一個功利的世界，劇情就該如此發展。

直到義憤填膺後遍體鱗傷，一種悲壯感油然而生，於是內心湧上巨大的挫敗感，那是輸得一敗塗地的沮喪。然後開始不斷掙扎在這樣的胡同裡，自我懷疑「到底是自己輸給了成熟，還是敗給了幼稚」。不就早明白這是資本主義下的操作跟思維，不就早知道被什麼保護，就會被什麼限制。本來能為你遮風擋雨的，也可以讓你不見天日。

而心中還是會有一種無以名狀的正義在燃燒，雖然知道大環境的現實無法用「是非對錯」「正義邪惡」來區分，職場上更不能用「非黑即白」「二元對立」來看待，在利益面前，每個人都有自己的立場。

但，我有時真的就偏不信了。

是誰說：「為了生存，為了利益，難免遇上背信棄義的不得不為」，是誰說：「『必要之惡』都是為了更大的成就」。

沒關係，既然改變不了事實，那改變心態，總行了吧？就拿金庸筆下的周芷若和趙敏來比喻，我真的做不到周芷若的「問心有愧」，那麼，沒關係我也能是趙敏「我偏要勉強」。

如果說每個人都有自己的立場，誰都沒有錯，那要怪就怪自己還是不夠強大，滿腔熱血仍會需要陽光照耀，卻忘了想看到最美的日起日落，就要爬到更高的山頂，這座山才會支撐著你。

如果說重情重義的人不適合混跡江湖，自己硬要攜伴硬闖，磕絆受傷也是必然；哪怕是斷胳臂斷腿又內傷，除了靠自己揮劍砍斷荊棘走出來，誰都幫不了自己。

我知道現實不問對錯，只講利益，我明白職場並不是非黑即白；但我知道善良是一種選擇，所以必要之惡就是惡；就當為了自己堅持的事情，狼狽一點也沒關係，人家斷臂「楊過」不也成了絕世高手，不想變成「自己以前也會討厭」的人，那就扛起這些讓自己無力又難受的過程。

我不是天真地以為自己可以打敗資本，但是我一定能更努力讓自己成為更有利用價值的人，我才能為他人所用，他人才能能為我所用。如此一來，才可以堅持不忘初心，堅持道義。也才可以在面對「必要之惡」時，有實力傍身，也有輸得起的底氣。

在我心中的成功與強大，就是得靠自己的實力掙來；而這些背後若是摻雜了背信棄義，見利忘情，那就不是我心中理想的成功，更不是真正的強大，那只能叫做滿足欲望。

我不管，如果金庸筆下能活出重情重禮重義的郭靖楊過張無忌，那我就相信我的相信，有時候不勉強一次，誰知道會不會出現轉機呢？如果大家活著活著都活成了「問心有愧」，那麼我就遇山開路，遇水架橋，至少在情義面前，面對選擇時，我偏要勉強！

有時候示弱
比逞強更難

只要能抓緊自己的靈魂，彎個腰也沒什麼

關於正義

「我們與『惡』的距離」到底有多遠？

K，獨子，大家族出身，家裡經商，不缺錢，典型富二代，父母寵得不得了。打小一顆俠義心腸，擁有滿腔的熱血，和嫉惡如仇的赤誠，所以縱使父母不同意，但K打小不變的夢想就想成為「國家司法警調人員」，果真靠著那股執著，長大後也成了自己最想要成為的人，平常的工作內容就是偵辦社會與法律案件，為國家人民拋頭顱灑熱血。他說這就是最帥的男人該有的模樣。

日前身邊人提醒他：「你目前正在查的案子，最好不要跟。」

原因是這案子若是深扒下去，就算他家只是合作方，但鬧到法庭上，也並不是一句「不知道」就可以免責的。除非K特別想用「大義滅親」來立功，否則他家一被扯上關係，以他這種說一不二的個性，心裡肯定不好受，所以才有人提醒了他「別碰這案子」。

那一晚K心裡覺得難受憋屈，喝酒訴苦著：「我就只想當好一個司法警調人員，純粹依法辦事，不徇私舞弊，做的每一個決定都只想對得起身上的制服，這樣錯了嗎？」

不料，當天他竟酒駕回家，果不其然出事了。然而，酒駕跟酒駕肇事不同，前者是違規，後者是犯法。K是司法警調人員，不可能不懂這道理，所以他就是想要故意酒駕被抓，為了就是能先暫時被停職查辦。

故事聽到這裡，當一直堅守原則，卻不得不向親情低頭時；當價值走在「從理想主義回到現實主義」的軸上，接下來的每一個選擇，都會影響當事者的整個人生。

K心裡掙扎，如果自己違背了對的原則，但所有人都覺得這樣做沒做錯，那到底是堅持錯了？還是大家都錯了？

「如果有一天你做了違背自己原則的事情，但身邊所有人都不會怪你，甚至覺得你做的是對的，你會當作什麼事都沒發生，過了就算了嗎？」他想聽聽我的想法。

我碰過類似的破事，雖然沒有上綱上線到法律道德這樣的等級，但也是特別懂這感覺。

像我們這種心別天高，還有大情懷的人，當遇上有志難伸又必須委曲求全的難受，自己心中的那一關才是真的檻。

年輕的我，也是執拗。至今或許懂得適時示弱，然而，在心中還是有著底線，有著信念：

「我就是堅持要『做對的事』。我知道不能做壞事，不能主動去傷害人，不能狡詐欺騙，不能仗勢欺人，不能忘恩負義，不能背叛朋友。就算大家說賺錢就要六親不認，就要唯利是圖，就要背信棄義，我都不會做，哪怕是再親再好的人都一樣，這就是底線。反正老話一句，誰都別想打亂我內心的秩序和堅定。」

是不是覺得矯情？「做對的事」是什麼鬼答案。

這年頭想在現實中活得更真實一點，說些熱血沸騰的話，就得有臉挺過大家那股淡漠和嘲諷的眼神。如果說年輕時，難免要接受那種「你還太天真」的嘲笑，那麼到了這年紀，只要我不尷尬，尷尬的就是別人；只要我做得到，做不到的人就別對我囉嗦了。

人不都總是要在不停選擇之後，才知道自己到底想做一個什麼樣的人，不是嗎？

總之，K主動辭職了。他與自己的夢想說了再見。

K過去一直不明白，明明很多時候規矩就擺在面前，為什麼要因為人情世故而繞開。說好了法律面前人人平等，每次他都是依法辦事，又有什麼錯。直到這次家人被捲進來……。

他用停職的方法，先躲開這件案子。所有人都覺得他這樣做沒有錯，他也不斷自問，難道不想要家人平平安安嗎？他想。但他要怎麼繼續工作？怎麼繼續面對這個打破原則的自己？難道他要重新制定一個標準，只要是親友犯事，他就視而不見嗎？他也做不到。誰也別想打破他內心的秩序，原來正義從來沒有變，變的是人心。

他不想這輩子心中的正義有了雙標，也不想帶著「網開一面」的心思去碰這一份工作，不然他嫌髒呀。最後他選擇了辭職，選擇放棄當司法官的夢想，這是他為這次徇私舞弊的錯誤買單。

他可以不要這一份工作，但這一份職業在他心裡，永遠是神聖不能被玷污的。

我服氣。這就是最帥男人該有的模樣。

只要當「人性」遇上「善惡」，當「理想」與「現實」碰撞，挑戰的就是你我心目中那一把自以為公平正義的尺。這時候是誰都會汗顏，原來我們也沒有自己想像中的那麼正義。

所以什麼是「好人」？

有人覺得懲惡揚善就是好人，有人覺得保護好親人就是好人。

你看天花板是白的，我說不夠白，因為我見過比這更白的；你說夜是黑的，我說夜是灰的，因為我見過比夜更黑的東西，我們永遠不要以自己所謂的黑白去定義這個世界，也永遠別用所謂的對錯去框架現實。

如果真的這麼義無反顧，K也就不會假借酒駕來逃避這個案子，不是嗎？

K能親手查他家人嗎？K能親手把家人給辦了嗎？若是做不到，能做的就是讓自己離這個案子遠一點，然後讓別人來執行正義，不是嗎？

你說這樣可恥嗎？這是不是代表自己就是向黑勢力示弱了？當然不是，有時候示弱比逞強更難，但示弱不是軟弱，要堅強也不要逞強。

你要知道正義永遠都沒有錯，因為正義沒有感情，但我們是人，人有七情六欲，人心何必硬要跟人性作對。

有時候當下的示弱不是一種認輸，是一種格局。因為你知道最重要的是：「只要能抓緊自己的靈魂，那麼彎個腰也沒什麼」。

也只有在一次次逼自己做出選擇的過程中，才會認清什麼才是對自己獨一無二的價值。

因為這背後真正最重要的還是，人生要能為錯誤買單，但絕對不能輕易妥協。

好漢不提當年勇

你要有新故事，才不會對從前念念不忘

關於經歷

前些日子伊隆．馬斯克（Elon Musk）心血來潮，在推特發文：

「十二個月以前，我是年度風雲人物。(12 months ago, I was Person of the Year.)」

先不論這位大爺是想證明什麼，倒是網友們一致同調狠狠酸「好漢不提當年勇」。

這意謂著什麼？這表示人家是馬斯克啊！人家還是年度風雲人物啊！但人家一年前的事，十二個月後拿來說，都不是條漢子了。我們怎麼會以為自己一直說著過去的英勇事蹟，別人仍然會當自己是英雄呢？

在此占了馬斯克的便宜，就是為了來聊聊這個「厲害的當年」。

先不管當年誰是真好漢，也不管從前到底誰最勇，說穿了都是初老症狀的一種。大家的「憶當年」就像是一種社交起手式：

「以前去海洋音樂祭時，我們都直接睡沙灘啊……」

「以前我們都是唱歌喝到天亮直接早八啊……」

「以前我們每天都是加班到天亮……」

當擁有共同回憶的人相聚在一起，難免不自覺會藉由回憶去重溫生命裡那些輝煌／荒唐的存在，去追逐遠離的笑聲和心情，既而開啟更多共同話題來聯繫感情。

不過，憶當年的重點通常是因為「擁有共同回憶」！

奇妙的是，當這個輝煌／荒唐的回憶是只屬於「一個人的精采」時，整個氛圍感就變了。一個人的「想當年」就成了一種自我毀滅式：

「以前我在台大念書的時候……」

「以前我當籃球隊長的時候……」

「以前我還很瘦很帥的時候……」

「以前我在外商工作的時候……」

「以前我和×××在一起的時候……」

才發現，正因為回憶很美好才會讓人懷念，甜蜜才會讓人惦記，溫暖才會讓人依賴，懂得才會讓人不想被取代。

當一個人會不斷追尋記憶裡嘗過的甜頭，說到底就是沒攢夠失望，甚至還對美好有著冀望，自然會有著執著與牽掛。畢竟若往事只剩滄海與桑田，沒有「當年勇」能提也無妨，但有「從前苦」也只會想要把酒忘啊，不然又有誰會想把「苦盡沒甘來」當佳話。

「當年勇」就像是一種「執念」，誰都希望自己也能有被高談起的「經歷（過去）」，但是會不斷將過去掛在嘴邊，不也代表生命中的高峰在那之後就已結束了。

況且若是自己的大名早已如雷貫耳，又何須再提？若是「真的好漢」，就應該要是「進行式」，而非留在「過去式」。畢竟有些人過去是好漢，未來也有可能變成渣啊；同理，現在若是更輝煌，那麼當年的勇就不值自己一提再提了。

但又有多少人能明白，那些念念不忘的從前，就像是現在渺小的自己能與這個世界最堅韌的連接，如今也只能在歲月裡回首天高地厚；那些沾沾自喜的過去，事實上就是現在渴望得到認可，卻望而不得的殘影，最後成了自己茶餘飯後能有的虛榮。

怎麼寫著寫著，寫出了一股淡淡的哀傷呢？

我想說的是，社交的場合裡，太多人的開場白都是：「我以前在鴻海的時候……」「我以前當老闆的時候……」「我以前怎樣又怎樣的時候……」

生活的日子裡，很多人聊天也總會帶到：「像我以前當兵的時候……」「像我以前打球的時候……」「像我以前那樣又這樣的時候……」

似乎只要這樣說了，就不需要費盡口舌解釋自己曾經做過什麼、或會做什麼，甚至可以期待外人自動給予一抹尊敬或理解的眼神。那就像是一種免費的虛榮、作弊的自述，用過去的榮耀為現在戴上光環，卻都忘了，人只有在現在過得「不好」的時候，才會去想著過去的「美好」，也唯有精神貧瘠的人才會想要到處顯擺，因為沒新故事的人，才會對過去念念不忘。

我們都要有所警惕，若是過去已不是助力，反成了阻力，那麼，就更該要把它深藏於心。畢竟人生不會因為高調而變得絢爛，只會因為「力藏於心，內斂於外」才更顯豐滿。

所以，如果你的過去成了一種執念，你為了追尋曾嘗過的甜頭，而活在過去，無法看見現在，那麼從現在起，拋棄掉這樣的執念，換成另一種信念——「沒有努力奮鬥過的『今天』，就不會有『未來』的『想當年』呀！」

你要相信「吸引力法則」讓我們專注眼前，不負當下，才會念念「不忘」，於是必有迴響；生活不也讓我們明白，面對過去，就要既往「不戀」，相忘江湖，才是真難能可貴。

最後時間會告訴你，越是努力專注於當下，越是努力過日子，那些你以為一輩子都不會忘記的事情，都會在那些我們念念不忘的日子裡，慢慢被遺忘。而新的故事才會層出不窮，也才能讓未來可期。

如此一來，即便餘生春去秋又來，花開花又落，日子繼續過。我們都能不忘眼前，念念當下；我們也要既往不戀，縱橫向前。

我相信，認真如你，是條好漢就不需重提當年勇，因為大家肯定都知「當年你是真的勇」。

沒有努力奮鬥過的「今天」，
就不會有「未來」的「想當年」呀！

我們這麼努力為了什麼？

因為我爽，但關你屁事兒

關於意義

那是某個藝人朋友的生日派對，在高級會場訂了包廂，我和一個很照顧自己的姐姐決定去打聲招呼。現場什麼樣的人都有，更多的是一些還在演藝圈底層打滾，卻不知未來在何處的鮮肉（？）。社交的場合難免會互相介紹認識，而幾個男孩可能也想藉以博得一些機會，特別熱情在和姐姐聊著，而我也在一旁跟別人說著事，突然間，我聽到旁邊冒出好幾句：「阿姨我不想努力了啦。」

我去！「唉喲，小朋友，這裡誰看起來像阿姨？那我不就像奶奶了，叫聲奶奶，奶奶可以教你怎麼努力。」我沒忍住，回過頭就直接破聲而入。姐姐也沒大我幾歲，長得還很漂亮，在外頭頂多是哥前姐後，你這邊直接叫聲「姨」，到底會不會聊天？姐姐通常會幫自己打圓場，但心裡到底在不在意我們也不得而知，但我也是個女人，她的心情我來幫她顧。

好啦！重點不在「阿姨」的身上，而是關於「努力」這回事。或許「阿姨我不想努力了。」只是句網路流行語，說的就是現在很多男生不想再奮鬥了，就想直接被比自己大的女人包養的心情。但是，當金錢的主動權不掌握在自己手上，這就代表你不會擁有選擇權，那又有什麼意義。意義？不如先找到意義吧。

大家有沒有想過「我們這麼努力到底是為了什麼」？

每次聽人說庸庸碌碌一輩子，其實也沒什麼意義，直到兩眼一閉，雙腿一蹬，連人帶棺一起燒了，什麼都沒帶走，之後到底是去天堂還地獄，誰也沒能說個準，這時候「努力」彷彿成了玄學，沒有一點悟性還參透不了呢！

某天與友人餐敘時，酒過三巡菜過五味後，大家如同往常般說著生活那些破事，最後也不知打哪來的負能量總結論：

「哎——算了啦，這不就是人生，反正也改變不了什麼。」朋友A說著。

「這是中原標準答案嗎？我真的很討厭大家面對事情，最後都是這種態度。」好吧，我認真了。

「認真就輸了，那麼努力幹嘛？吃飽沒事做嗎？」朋友B跟著回。

「那麼努力就是想活得爽呀，就是想要可以說『關你屁事』呀！」我把酒一口給乾了，話就這樣脫口而出，果然酒精下肚後的語言就是颯爽。

大家不要覺得醉話就是亂講話，微醺時說的話那才叫做真心話，有多少古時留下的哲學理論大道理，都是酒後瞎扯蛋留下的金句箴言。

出來工作這麼多年，見多了因為不惹事而妥協的，也見多了因為利益而低頭的，那我也就不多說那些「為了理想、為了夢想、還有什麼狗屁價值」的話了。

所以，人生到底追求什麼？我們這麼努力為了什麼？

↓就想追求一個肆意的人生

不就是追求想要的精采、過上肆意的人生，不就是一個「我爽呀」「關你屁事呀」，但肆意和衝動，都是建立在相對實力基礎上的，所以還是要自己變得更強。否則沒資格、沒本事，所有事就只能憋著；沒有錢，沒有權，所有委屈也就得吞了。

↓就想追求更多的話語權

就是想要在「對就是對，錯就是錯」的時候，不用顧忌那些千絲百縷的人際關係和利益往來。

↓就想追求不想被人左右

為了待到十拿九穩時，可以在忍無可忍時無需再忍，給小人迎頭痛擊，就是想讓他們嘗嘗猝不及防又無可奈何的滋味。

其實，每個人要的精采不一樣，每個人想要擁有的肆意也不同。

很多人都出身貧寒，毫不起眼又甚是普通，但他們的內心並不普通，他們都有一顆驕傲的心。

也有人家裡有礦，但他並沒有因此滿足於家中富裕，他努力證明自己，因為他的內心也有著一份驕傲。

所以他們這麼努力，就是為了不辜負這份驕傲。

而有人這麼努力，是為了讓自己成功的速度，能快過父母老去能盡享清福的時光。

也有人這麼努力，是為了讓自己賺錢的能力，能超過孩子需要自己用心扶持的速度。

還有人這麼努力，是為了讓自己婚姻的盡頭，不用擔心離婚後生活過不下去。

更有人這麼努力，是為了讓自己生病的時候，不用害怕高昂的醫藥費會是負擔。

那麼我捫心自問，我這麼拚命、這麼努力是為了什麼？

為的是證明自己靈魂還活著，與友酒杯碰撞的不是破碎的夢。

為的就是不讓父母失望，不怕讓自己後悔，讓爸爸遇到熟人可以有吹噓的資本，讓媽媽想買什麼就買什麼，卡刷下去眼睛都別眨。

為的就是想和喜歡的並駕齊驅，想談一場勢均力敵的愛情。想要有一天當我站在我愛的人身邊，不管他富甲一方還是一無所有，我都可以張開雙手坦然擁抱。

為的就是當有人問，為什麼敢和老闆叫囂不怕沒工作？因為我爽，關你屁事。

為的就是當有人問，為什麼不戀愛不結婚不生孩不怕老無所依？因為我爽，關你屁事。

為的就是當有人問，為什麼敗家奢侈不看價錢亂花錢？因為我爽，關你屁事。

為的就是人生只有一次，時光不會重來，時間不會倒逝，曾經錯過的風景、錯過的路、錯過的人，都成了無法回頭的回憶。而想去的地方很遠，想要的東西很貴，喜歡的人很優秀，愛的人在變老。很多事情現在不做，以後就不見得有時間或體力去做了。

最後你問：「努力真的有用嗎？」我沒辦法回答你。但我知道努力，是為了可以遇見更好的自己。努力，為的就是一句：「因為我爽，關、你、屁、事！」

輯三

行走江湖

給 走 在 高 階 的 路 上 努 力 變 強 的 你

寧當鋼鐵惡人
也不做玻璃小人

不是別人難相處，是你太易碎

關於情商

人們總是說，大中華文化就是受到儒家／佛系的思想薰陶，所以才會這麼推崇容忍、寬恕、包容、退讓等情緒。似乎每件事情都要用大氣、豁達、妥協這樣的佛系態度去對待，才叫「做得好、做得對」或是「高情商」，反之就是「不好相處」「難溝通」「脾氣差」。

最後看多了衣冠楚楚的行屍走肉，大家彷彿也更尊崇這些「表面上」的克己復禮，好像雷打不動才是成大事的首要條件，若是能做到斬斷七情六欲，那就是集大成者。

我也是醉了，到底是自己沒讀懂孔老夫子，還是大家都誤解了「歐密抖虎」。

不如就來單純只論「職場做事」這件事吧。

出社會至今，遇過很多老闆，也做過很多事，學到最重要的其中一件事就是「堅定果斷」。

試想，當一個領導者無法清楚表達自己的觀點和理念，無法明確堅持個人的底線和劃分責任；遇上不合理對待也無法用堅定的口吻對人表達最真實的感受，遇到情感阻礙或面臨損失時，也無法果斷止損。甚至，遇上事情的態度是含糊其辭，最後導致任務方向總是不明，策略指令朝令夕改，以致於訊息溝通混亂。這樣一起工作的夥伴又怎會有安全感呢？人心不動搖才怪。

因此，走在高階的路上，我時時刻刻提醒著自己，絕對不要變成以前自己最討厭的那種人。更不希望別人眼中的我，是會令人感到不安的。久而久之，行事作風乾脆俐落、雷厲風行，不拖泥帶水成了我管理時最大的優點。當然，也肯定是我表達時的缺點。畢竟在東方文化裡，強勢的氣場確實不討喜，尤其還是個女人。

我相信「堅持做對的事，不求迎合而改變」是對自己專業的負責；「清楚表達想法，直接切入重點」是提高效率的表現。但事實上「果斷堅定表達立場的人」通常也很容易肩負「不好相處／難搞」的罪名，這是套餐，你不要也得要。最後「被予以此位，交與此責，付與此任，卻總受儒佛之理來放大檢視」，遇上道德綁架，你就是得吞。

反觀那些「當別人反問幾句，就認為別人是針對；當人家提出專業意見，就說人家是武斷；哪怕對方提出對事情更好的建議，對方就是意見太多」的人，明明是自己心太脆弱如玻璃，還要別人為你的軟弱來買單，根本就是假明事理真小人。

後來我總結一個心得，站在高情商的儒家（佛系）做法，每一件事情都得用「溫柔且含蓄地」的態度來提出專業建議和想法，並且「迂迴且婉轉，不能太肯定」的說法（不然會被認為太過武斷或強硬）來整合意見和說服所有人，這樣才能扮演好一個「好溝通／好相處」的角色，直到每個人都滿意為止。

而在這過程中，除了老闆，就算你是該項目的最高負責人，明知道這樣做不好，但為了迎合所有不認同的聲音，還是得含笑接受一些對專業的誤解，這樣才叫做「高情商」。

我去！這到底是在搞事業還是搞事情呀。所以說累死你的都不是工作，而是工作中遇見的人。

我們在工作中常見兩種人，一種是理智派，堅守規則，重視目標和結果，在做事的時候很少帶入自己的情緒，也希望合作方能不帶情緒地一起處理問題，追求效率；另一種是人情派，他們認為搞定了人，一切都搞定了。沒有什麼是一頓飯不能搞定的。三不五時到合作方那裡聊幾句聯絡感情，只要是朋友都好做事。

但最奇妙的是，大家仔細去觀察，那些工作特別理智的人，生活大多是充滿人情味的；然而私底下內心比較冷漠的人，有時候竟然是是人情派，因為對他們來說，「情」才是最淡薄的東西。

兩種做事派系，並沒有優劣之分，肯定在不同領域裡都有成功的佼佼者。

喜歡做事就要對事不對人的人，不管外界如何變化，合作對象是誰，就是堅持自己的原則，用「把事情做好」來體現自我價值；擅長與人溝通的人喜歡把「關係」作為行事準則。只要善用關係，很多事情都是互相幫忙的事。

實際上，工作時不可避免一定會出現衝突，一味地追求原則，喊著對事不對人，也是無法安撫到雙方情緒的，有了情緒確實也不好辦事；但一味地強調人情，往往又是權責不分，效率低下，導致事情最後不上不下。

這不是二選一的問題，是有沒有辦法做到「跳恰恰」的操作。只是坦白說，縱觀整個東亞的職場文化形態，也許被作為美德口口相傳的「溫、良、恭、儉、讓」是與人處世之道，但做事時，我們這種特別這注重人情的「完人教育」所帶來的影響，往往就是阻礙事情發展，失去競爭力的真正主因啊。

試想當每個人事事都小心翼翼，每個人總是溫柔客氣；怕太過明目張膽顯了野心，卻忘了逆來順受是沒了出息。

更不用說在這種大中華儒佛之理下，漸漸成了一種病態的社交禮儀文化「強順人情，勉就世故」。好像凡事直接一點就是不尊重，說實話就會被討厭，好像所有事情一定要粉飾一番，這樣彼此都好下台。

你們不累沒關係，但總把事情搞得更複雜，就是罪呀！

我還是以為，也許做事雷厲風行會給人有脾氣的感覺，但做事就要有原則，才能做到對事不對人，也更能專注高效地把事情做好。當然，這背後還是有一個最現實的前提，是要先有實力磅底的「底氣」，不然說這麼多也都只是說大話罷了。

古往今來，那些報章雜誌歷史課本上的成功人士，多半都不是什麼太過溫和的人。

你有覺得郭台銘和馬雲做事會輕易妥協或迎合嗎？人家賈伯斯和伊隆．馬斯克脾氣都可大了，但我相信他們之所以能在自己的領域有成，絕對不是因為懂得妥協讓步，更不是因為沒有脾氣，而是懂得掌握好脾氣的尺度，同時還是堅持自己的原則，才能真正從雲端走下來。

總括來說，現今社會太多人渾身都是敏感點，還總要搭上個面子來說事。只要別人比他還優秀，講話比他還堅定，那個人該死的就是個低情商的惡人！真的拜託一下，有沒有玻璃心是你的事，但上戰場至少也搞件「防彈」的吧！不然人生漫漫征途，老是因為他人的幾句話就氣噗噗要告狀，這是病，得治啊！

況且，既然沒那麼優秀，到底哪來那麼多矯情。若非得這樣才叫做高情商人格的話，那麼我寧可當鋼鐵惡人，也不想淪做玻璃小人。

因為這真的不是別人難相處，是你太弱了啦！

要麼忍，
要麼狠，
要麼滾

擁有「滾」的底氣，才是真正的安全感

關於處事

父親是個成功白手起家的商人，所以難免特別自戀，也特別多大道理。

從小的家庭教育裡，有許多觀念就都是來自於他管理企業的經營理念，其中影響我最深且一直牢記於心的最高處事原則，就是「面對它、接受它、改變它、放下它」。沒錯！很明顯就是由聖嚴法師的那一句金句名言：「面對它、接受它、處理它、放下它」改編而來。

只是人家聖嚴法師是用佛的智慧在傳承情緒該如何面對，而我是用爸爸的道理在學習做事態度。

簡單來說，就是工作時——

面對它：遇上事情就要有責任感；接受它：那就心甘情願地認真去做；改變它：不順的時候就想辦法改變；放下它：最後真的接受不了就離開。

整個過程就是不斷地重複「面對、接受、改變、放下」，直接一點是「做就對了」「少說廢話」「不然就不要做」。果然在這樣的家庭教育下長大的我，血液裡留下的倔強，也把這態度發揮得淋漓盡致。

直至成年後，生活就像是一場接著一場的戰鬥，看似波瀾不驚的表象下，是一次又一次的挑戰。而職場就是江湖，有江湖就有「是非」。有人的地方到處可見「心情」，果然聖嚴法師才是真正得道者，最難的永遠都是「面對情緒」。

就這樣一來二往，經歷了太多折騰，慢慢地我也少了些柔軟，多了一點強硬。如今相同的概念，一樣的道理，不過態度倒是變了不少，走著走著也是悟出了一點屬於自己處事態度的三原則：

「要麼忍，要麼狠，要麼滾」。

就是簡單粗暴，就要速戰速決。

一、要麼忍

在職場多年，一定會發現，真正離開的人默不做聲，整天吐槽的人都賴著沒走。其實這世上沒有一份工作是不受氣的，沒有一份工作是完美的。當你沒資格沒本事的時候，有氣就憋著，與其抱怨工作，不如忍一忍。很多人忍氣吞聲多年，並不是沒有脾氣，而是他願意對自己狠，默默地為反擊或離開在做養精蓄銳的準備，就為了等待哪天若真強大，那才能是真的狠。所以就算是老闆，天外有天人外有人，有時候為了人局，也是需要忍，因為自己實力不夠，就是得忍。

二、要麼狠

你必須非常努力，對自己夠狠，逼自己進步，才有辦法變強。而變強的同時也要硬氣起來，遇到不友好的人，不用客氣，不要讓他變本加厲；遇到機會來臨，不要懦弱，更不要錯過，往前爭取；最後越強越狠，才能在面對自己的堅持，不需要遷就，不需要忍耐，該有脾氣的時候就不要沒了個性。這就跟初生牛犢不怕虎是一個道理，只要你足夠玩命，無論天賦型還是刻骨型，統統都要給你讓路，第一只有一個，永遠都留給最狠的那一個。

三、要麼滾

忍可以，要分事，很多時候一味地忍氣吞聲，也是不會有好結果的。所以忍無可忍就無須再忍，此處不留爺，自有留爺處。這是弱肉強食的世界，輸了就滾，惹不起至少也躲得起吧。前面開始就暗中為自己積累實力人脈和資源，找機會跳槽到更好的地方，理直氣壯地離開。

聽到有人不斷抱怨著越來越不想上班，為什麼要看人臉色時，我總會問：「你超級討厭你的工作，你總是抱怨工作如同煉獄；你的同事都愛耍心機，你的主管笨得像豬，你做的事情全部毫無意義，那你怎麼還不換工作呢？」

不換的原因，是不是因為找不到其他工作，只能留在這裡？那麼公司都沒嫌你廢了，你還好意思抱怨？還是公司也是有優點的，所以你離不開？那就請愛上這優點，真正投入工作，繼續自我增值。

若是找不到公司值得留戀的地方，那就直接跳槽吧，你又不是簽了賣身契，是在磨磨蹭蹭什麼呢？

如果你又不願忍，也不願意對自己狠，那就等著看看現實到底有多殘忍，你也可以滾回老家吃老本。當然，若是你過去對自己足夠狠，勢必也一定積累了許多。畢竟努力的意義，就是讓自己隨時有能力跳出自己厭倦的圈子。而有時為了「滾」而做的努力，反而才能讓你立足於現有的不敗之地。

只要有「滾」的底氣，那才是真正職場的安全感。如果「忍」是世界觀，那麼「狠」就是方法論。忍而不狠，傷心傷身；忍轉為狠，才會釋然平衡。

最後，用過來人的經驗告訴你，真正聰明的人，該忍時忍，該狠時狠，該滾時滾，一切都該在自我掌控之中。如果哪天忍，也一定要是在密謀一個「一擊斃命」的計畫。因為我允許自己臥薪嘗膽，就是代表我不願意忍氣吞聲。

在這過程裡，無論如何都要記得：人前都要強裝鎮定不露痕跡，日後你一定會感謝這個不動聲色的自己。

那些「憑什麼」
就是俗稱的底氣

把每一個「憑什麼」換成「為什麼」

關於底氣

「他到底憑什麼？」

「他為什麼可以怎樣又怎樣？那樣又這樣？」

多數的抱怨開頭基本上如此。

其實會說出這種話，追根究柢都是屬於「價值觀」的議題。畢竟當出發點已經不是「為什麼」的問題，而是「憑什麼」的認知時，就已經可以看出這個人在面對「處事」或「處世」時，是用什麼樣的思維在切入。

通常會問「憑什麼」的人——習慣抱怨規則。

而會問「為什麼」的人——接受遊戲規則。

前者是相對弱勢的價值觀，後者則是相對強勢的價值觀。

當一個人面對事情發生時，越覺得不公平，越會去攻擊規則，總認為是不利於己的，通常都是將自己擺於被害者立場，這就是弱勢價值觀。

相反地，若是較少去質疑規則，當出現與自身想法相牴觸的時候，他會開始去分析問題，找到方法，想辦法解決，通常也是「主動出擊型人格」。

久而久之會發現，一個老在問「憑什麼」的人，都在等人給他答案；而會問「為什麼」的人，就是一直在解決問題並且前行。

這時候肯定有人會說：「你若是既得利益者，當然會覺得規則是公平的呀！」

但，這根本就是假議題，少拿逞口舌來合理化一切。世上本來就沒有絕對的公平，就連人心都是偏左的。那你說職場有嗎？感情有嗎？人跟人之間有嗎？

我們是在講「心態」，而非針對「公平」，你若要一直陷在這樣的窠臼中，可能重新投胎比較快？

若是你還沒有辦法做到把每一個「憑什麼」換成「為什麼」，何不試著把主詞反過來，不問別人「憑什麼」多問自己「憑什麼」。

你有比別人更努力嗎？你有比別人對自己要求更高嗎？你有比別人還要付出更多嗎？如果你都沒有，你憑什麼質問別人？你又有什麼理由羨慕別人？你又有什麼理由懷疑別人？

如果得出的結果是沒有，那你又是「憑、什、麼」？

等到有一天，你用實力累積了屬於自己的「憑什麼」，你便會發現自己已經成了一個總在尋找「為什麼」的人，而那些「憑什麼」就是俗稱的底氣，那些「憑什麼」也將成為你喜怒形於色的資本。

而這一切的積累，才是真正成就一個人的價值所在。

不要劉備團隊
只要唐僧團隊

沒有完美的個人，只有完美的團隊

關於團隊

為了保住飯碗，先寫聲明：

「此篇絕——對不是在抱怨老闆，絕——對只是在分享我的不明白。老闆永遠都是對的！」

事情是這樣的。

過去在一些工作場合，難免會遇上一些合作夥伴或項目投資者對我說：

「有有有，久仰大名，妳就是那個孫悟空。」

「⋯⋯⋯⋯」（?!）

一次還好，兩次還行，第三次⋯⋯。

我去！好好聊天可以嗎？誰跟你是一隻猴，你全家才都是猴！

這當然是心中ＯＳ，社交守則第一條，保持尷尬又不失禮貌的微笑，尬聊到底（咧嘴笑）。

後來才知道，原來大老闆對外都是這樣形容我的：「她就是孫悟空，能力強，什麼都會，可以七十二變，不過只聽唐僧的話。」

大家千萬不要以為上述言語，是屬於社交場合才會出現的恭維對話。因為內行人都知道，咱們大老闆這句話背後的潛台詞絕對不是在稱讚我神通廣大（應該是在說自己是唐僧），因為每回業務檢討時，老闆總是無奈嘆氣對我說：「妳還是太做自己了」。

這句話，若是在從前聽到，肯定會覺得不被了解，甚是痛苦，然後為此在意到不行。不過，都到了這把年紀了，早學會不為難自己了。畢竟在社會上打滾，誰管你在不在意，人家要怎麼想你，你阻擋不了。所以我也從早期「先入為主的『長期受害者』」升格成「先入為主的『經典代言人』」了。

反正多說無益，終究還是用實力為態度說話，然後把情緒轉念成幽默，餘下的就是自己吸收，我們簡稱為「成長」。

我便會自嘲想著，果然是我老闆，實在有遠見，因為馬雲也說過：「真正最強大的團隊就該是唐僧西天取經的團隊。」換句話說，我除了偶爾讓玉皇大帝頭疼一點以外，沒鬧過天宮，也沒偷過蟠桃，還能拿下中國四大名著《西遊記》裡的大主角色——孫悟空，我絕對是取經路上特別有價值的人……吧。

那就來聊聊「團隊」吧。

還在讀書的時候，若要論歷史上的最強團隊，應該就屬「劉備、關羽、張飛、諸葛亮、趙雲」這一組能人異士了。畢竟比武功、講義氣、論忠誠、談腦袋，劉備團隊各個都是菁英。

但在職場打滾久了就會知道，讓一群菁英一起做事，那就是沒事找事啊。先不說意見一堆，更是難以管理。公婆各說都有理，誰都有自己的堅持，一到權衡利弊時，就是人多嘴雜，開完會只會讓心更累呀。

因此，我特別認同馬雲的「團隊論點」：

「阿里巴巴不要菁英團隊，阿里巴巴需要的是一群擁有相同價值觀，平凡卻不簡單的人，一起幹成一件件的大事。而『唐僧團隊』就是最好的創業團隊。」

● 唐僧

作為一個團隊領導人，雖然沒有降妖伏魔的本領，甚是平庸。但目標明確，品德高尚，知道如何手握金箍，以權制人，更懂得用人為能，攻心為上，終究是以德馴服了這些頑劣分子，讓大家心甘情願追隨著他的信念和使命，不顧途中妖魔鬼怪的迫害，一心就要前往西天取得真經。

● 孫悟空

性情率真，有情有義，也敢作敢為，還有著火眼金睛和七十二變等上天入地的高超本領。雖然忠心頑強，也有著拚搏毅力，偏偏就是嫉惡如仇，正義感爆棚，不怕和黑暗鬥爭，過於真性情的表現，以致桀驁倔強，性急如火，有著叛逆難控的心性，就也被塑造成敢和權力搏鬥的人物。

● 豬八戒

貪財愛物，迷戀女色，典型的吃貨。雖然偷懶耍滑，但也能吃苦耐勞；儘管有點貪心，卻也不曾巧取豪奪；雖然作戰勇猛，卻又容易動搖；其實自私自利，最後還是會顧全大局。在這些缺點背後，透露出的可親可愛、憨厚老實富有人情味的一面，倒也讓取經途中情趣多多。

● 沙悟淨

正直憨厚，從不抱怨，雖然降妖除怪不是他能力範圍內的事，但在西天取經途中，縱使無趣，但因為忠心耿耿，任勞任怨，髒活累活什麼都幹，是最成熟穩重的存在。

回頭看《西遊記》原著裡的角色設定，像這樣一行人，每個人特點不一，優劣不同。唐僧只知發號施令，無法推行；悟空只知降妖伏魔，不幹小事；八戒只知打打下手、粗心大意；沙悟淨表現平庸，沒有主見。

然而，唐僧也許沒什麼專才本事，但目標專一，不忘初心，能把握大局；孫悟空武功高強，能征善戰，善用人緣打公關，但脾性太急，麻煩也最多，影響大局，適合衝鋒陷陣。豬八戒看似一無是處，幹活的時候能躲就躲，有吃有喝的時候來得最快，能討大家歡心，調節氣氛，關鍵時候還是能打打下手幫上忙，這種人在企業也不可或缺；最後沙悟淨管它什麼使命感、價值觀，反正一天八小時打卡上班，就是做事幹活，老實勤快的個性，最適合做瑣碎雜事、基礎工作。整個團隊在取經過程中，懂得充分利用社會資源和人脈關係，遇到困難還會請菩薩出來排憂解難、化險為夷。

這樣看下來，沒唐僧就沒有目標，就沒有團隊的包容力和凝聚力；沒孫悟空就沒有勇於嘗試的創新力，就沒有勇於擔當和變革的能力；沒豬八戒就沒有團隊的活力和快樂，就沒有人與人之間的親和力；沒沙悟淨就沒有規規矩矩、踏踏實實的執行力，就沒有任務的紮實落地。

太多管理書常說，團隊本就該是「德者領導團隊，能者攻克難關，智者出謀劃策，勞者執行有力」。所以總結就是，「老闆就要像唐僧，做事要像孫悟空，生活要像豬八戒，做人要像沙悟淨」，這才是現實呀。因此，沒有完美的個人，只有完美的團隊；那麼人無完人，我被當是隻猴，就也認了。

還是不得不提，當唐僧是金蟬子轉世，有權力最大的佛祖和觀音罩著；八戒和沙僧一個是元帥出身，一個是將軍出身，背後還有玉帝撐腰，只要不犯太大的錯，也就永遠穩妥妥的。

唯有孫悟空，一個沒有後台的草根角色。單靠勤奮好學，練就一身非凡的本領，才有與唐僧等人一起工作，實現跨越階級的機會。只是當被委以重任又不被信任，不按常規操作也容易被放大批判，越是想要把事情做對，越是容易變成錯的。興許就是這樣敢向一切權威挑戰，不願意無條件服從的心性，才會在最後看似「鬥戰勝佛」的完美結局裡，讓很多學者都認為，孫悟空終究是個悲劇性的英雄角色呀。

再次深入探究作者筆下《西遊記》故事背後的寓意，才赫然發現，也許老闆對我的「悟空論」也不是沒有其中的道理在，倒也是給了我很大的警惕。

不行！誰跟你是悲劇英雄，你全家才是悲劇英雄，人家要當喜劇英猴！好嗎！

沒有完美的個人，
只有完美的團隊。

真正的高手過招
無招勝有招

沒有死的技術，只有活的方法

關於自學

我們都知道世界不公平，生活從來就不是你比別人早（多）吃苦，你就能比別人先嘗甜。所以縱使知道「努力和天分之間還是有差距的」，但我也同時發現了「天賦不一定有用，但努力一定有用」的硬道理。所以，當聽過了太多「勤能補拙」的故事，卻又身處在一個努力也不見得就會成功的年代，當努力的投資報酬率太低，需要的就是認清一些事實，找到一些方法，才能有那堅持下去的信念。

因此，「勤能補拙」很重要，「方法」也很重要，「堅持」更是不能少。畢竟每個人都有自己的戰場，每個人在戰場上也都有自己的位置，選錯了戰場，站錯了位置，努力用錯了方向，結果都是徒勞無功的。

該如何做，以下傾盡我畢生之腦力，只得三招心法傳授，不保證成功，也不一定有用，但絕對值得參考。

●● 學習「由心而生」

這是一個很簡單的道理，但是切入點如果沒選對，就使不上力了。

先簡單舉個例，來讓大家感受到「由心而生」是什麼意思。工作日常裡，常會有許多美感不足的企劃或小編來請教我「美感到底要怎樣培養？」他們「想要」學著更有美感。而我總說：

「美感從生活中就可以訓練了。就只要先從自己生活裡的細節開始『講究』。選一個自己最在意的事情開始，哪怕是『出門的穿著打扮』也好，哪怕是『桌面的擺設』也罷，更或是『廚房』『廁所』『花園一隅』，就從那個地方開始講究。反正為了好看、為了想要有質感，為了想要讓自己感到舒服，就多花點心思而去『特別講究』。特別是當你開始多琢磨一點自己的穿搭，從風格開始，再到色調，這樣一點一點地微調就是『講究』，你會開始想要追蹤一些社群帳號，買起適合自己的裝備……blah blah blah，所謂的『美感』就會從『講究』中慢慢養成，久了也成了屬於自己的『品味』。」

「由心而生」就是種意志，一種欲望，一種想要。人一旦越想講究，就會越花心思。

大家可千萬別小看這個「由心而生」的力量，因為有種「專注」叫「要麼不做，要做就一定要做好」。就像我，一旦興起了這念頭，那執著的程度，好聽一點叫「認真專注」，說白了就是「老娘就不信還搞不定你」的臭脾性。

想要學什麼東西都可以，但是「唯有從『有心』先開始，才會衍生『講究』的欲，繼而才會有更想去『深究』的力。」

所以一個人若是想要強大自己，出發就先要是「有心」，那必須是你想做的事，不然誰都逼不了你。因為這是人性，會怠惰，會厭煩，會因為沒有成就感而放棄。問題從來就不是「到底要怎樣變強？」而是你若真的有想要變強，就要先想清楚切入點，這時候去努力，才有真意義。它不見得一定要是跟你工作有關的技能，它可以是你的愛好，你的興趣，這些東西只要你開始「講究」，再學會「分享知識」，這過程就夠你去做去學的，不然為什麼有那麼多人開始「斜槓事業」，甚至是「斜槓變正業」。

不要再一直靠夭自己「什麼都不會」，又一直說著「好想要變強」，最後什麼都不做，那跟意淫又有什麼分別？

那麼，我們該如何訓練？如何開始？如何做到好？

「多做、多幹」把基本功練好

還記得在剛出社會的那些年，我常用念力對那個沒天沒日沒夜努力拚命的自己說：「**多做一點事不會累死，學到的本事都是自己的。**」

只記得當時所有從自己手中遞交出去的東西，哪怕只是一份A4 Brief，都習慣特別做加工包裝一下；不管是提案簡報的企劃製作，再到整個專案會有的視覺創意概念，哪怕是特地製作草圖示意、模擬包裝模型，再到架設DEMO網站、影片、廣告等，一切可以先將概念豐富且具象化的東西，我全都學著製作。內容能多就盡量不會少，能美就絕對不要醜，單純只想讓東西看起來更完整，用心程度能更加分。

這時候的「多幹、多做」就是一種逼著自己成長的過程，同時也是練好「基本功」的機會。

多做就多會，越會也才會越純熟，最後本事長在自己身上，誰也拿不走。而這一切都不是老闆和主管的囑咐，而是自己給自己的要求。所以那些日子與其說是加班，更像是替自己加工。而且也常常讓上頭驚艷，當然也為自己爭得更多嶄露頭角的機會。

不妨試著想想，把努力變成習慣，最後習慣全力以赴地工作，習慣利用做事的機會淬鍊自己，表面上也許像是一種吃虧，但事實上這都不是為了公司，也不是為了老闆，都是給了自己。

而當「量變」到一個程度上，呼之欲出的就是令人驚艷的「質變」。

所謂的「練功」就是「簡單的動作重複做，重複的動作用心做」。想學好任何一項專業知識或技能，紮實的基本功訓練是不可或缺的過程，這過程除了

「多做、多幹」以外，沒有訣竅。

如同西洋棋八冠王喬希．維茲勤（Josh Waitzkin）說的：「真正能讓我們攀上高峰的不是奇招，而是熟能生巧的基本功。」

你也一定看過這樣的話：「能將複雜的事情簡單做，就是專家；簡單的事情能重複做，就是行家；重複的事情還能用心做，就是贏家。」所謂的才華，其實不過就是基本功的溢出。最終歷練了自己、更實踐智慧的昇華，兌換的果實就是自己的價值。

真正的高手過招，無招勝有招

最後說到「自學」這件事，自詡為「台灣傑出女自學家」的我（咦？），所有師出無門的開始，都是為了想要搞一個視覺特效／架一個官方網站／仿一個APP應用程式等，當一切技能大多是靠自己上網摸索，不管是閱讀數十篇教學文章、看過十來支教學影片……，那步驟就是：

「按著A的操作弄過一次，發現行不通；可是B寫的步驟太複雜，那不如換C的教學來試試；又發現D的方法好像比較簡單，E好像還有模板可以使用……」

就這樣不同的方式都學一點，一遍不會再練兩遍，兩遍不會就練無數遍，直到掌握其中技巧為止。整個學習的歷程，看起來就是毫無章法，典型的門外漢作法。但只要願意花時間，靠著臨摹模仿的學習能力，也是能把很多事情搞懂個七八分。這種感覺就像是摸著石頭過河，正因為一直在找解決方法，反而讓自己同步吸收了更多知識，很多經驗技能就這樣一點一滴的被摸索出來，再加上一次又一次的實戰經驗，才會練就「屬於自己」的獨特風格，

正因為「什麼都不會＝無招」，所以才不受侷限；也正因為「什麼都不會＝無式」，所以才無所忌；正因為「無招也無式」，也才能什麼都能吸收，什麼都能接受；正因為「無所謂」，所以也才能「無所畏」，而這樣的我們，雖然是門外漢，但解決問題的能力，卻不輸給專家，也莫名成了一種真本事。

直到有一天，當別人說「妳怎麼什麼都會」時，我也才訝然發現，我早已不是那個什麼才華都沒有的毛頭了。如今不僅能幕前上戰場，也能幕後論戰術，這一身複合式「獨立執行且具有商業價值」的武功，就是努力不會騙你，時間也會告訴你，自學也是可以能讓軟實力兼顧硬實力的最好證明。

所以，別看我「小時鳥鳥不得志」的挫樣，我不也是在土法煉鋼二十年後，才能如此堅定地在這邊分享，**「聰明與笨蛋之分，只在勤奮之隔；天才與白痴之間，也只在累積之差」**。

當大多數的人總藉口說著「下班後很累／沒時間自學」時，其實，很多學習是可以與工作同步進行的，差別只在於方法。畢竟任何時候，所有東西，都可以學習；**唯獨有一樣是學不來的，那就是「用心」**。

浮躁的社會，急於求成的人太多，認不清自己要什麼，有什麼，能放棄什麼，所以「心之所向」，選擇很重要；而缺少歷練的人，「多做、多幹」是訣竅，不然即使憑運氣掙來的，最終也會憑實力虧掉。

直到自學越久越會發現，在現今知識隨處可得的年代，我們並不需要什麼事情都要往腦袋裡頭塞，來到知識共享的年代，你要知道如何獲得知識的來源，並懂得不斷學習，善用工具，才是王道。

「變強」真的沒有捷徑，內力是「由心而生」，招數唯有「多做、多幹」。

直到習慣了隨時努力，時刻學習；求知若飢，虛心若愚。你會真心感受到「沒有死的技術，只有活的方法」。這才是真正的高手過招，無招勝有招；而人生遇到所有的困難，也才能見招就拆招。

不是所有人
都有本事
扛責任

一個人真正最了不起的本事，就是扛住！

關於責任

先聲明，這不是背後說人閒話，這是正大光明話家常。有些事就是要攤到檯面上來聊聊，不然一昧的隱忍就是變相的縱容，所以也沒什麼好遮遮掩掩的，就來說說那個「最」很多的男人。

有一個新創公司的CMO行銷長，是我遇過最最最——愛開會、最最最——愛討論、最最最——讓我想用很多「最」來形容的男人。他不僅超——愛講話，超——愛分享，超——沒重點，還超——級能扯，真的是超——他×的太多「超」了。

對一個行事作風相對俐落的人而言，只要有他在的會議簡直如凌遲般痛苦。每次只要與他開會，像我這個急性子的人，要不是瞬間變成女魔頭，要不就是放空去神遊。

每當他一提出，「還是我們再約個時間來討論一下？」

唉唷喂呀我的媽，「麥鬧喔，不要浪費我時間膩！」

所以，我學著轉念，沒錯，他只是愛分享，這是他想要的「參與感」。所以，他可以一直開會，也可以一直討論，他想要的「團隊感」我也雙手奉上。但是，總是空有思緒和想法，卻沒有組織分析的能力；明明毫無章法又不懂實際操作，每次該決策時又不做決定，遇上問題就直接人間蒸發搞消失，最後直接不說不回不面對，喂，人咧？

沒事，我再次轉念，也許他只是沒準備好，這是他的「完美主義」使然。所以，他只是因為心中的不確定，所以不敢貿然決定；他只是害怕做決定，想要別人給答案。但是，既然他不明白「這世上沒有最好的決定，只有決定了把事情做到最好」的道理，那至少也先給個說法吧，事情才能推進啊，喂，人咧？

每次總在我有限的耐心即將被揮霍殆盡之際，他又會突然出現說：

「我其實也沒太多意見，我以為木木妳會直接做決定……」

「我其實也沒太多想法，還是尊重木木妳的決定就好……」

什麼！這是在跟我開玩笑嗎？那之前討論這麼久是在做白工？

曾經有合作方跑來跟我崩潰地說：「他是耍我嗎？」「花了兩個月開會，最後說不做了?!」

這就是標準的：製造麻煩的思維，肯定無法用來解決麻煩。

明明開會的本質是一種高效、節約成本的溝通方式，然而卻有很多會議，成了浪費大家時間最多的形式主義。好像只要一直開會就代表你很忙，很投入，但事實上如果不開會，你連能幹什麼都不知道，這是何其可悲的事。而我見過最糟糕的管理，就是不停開會。而沒有結論的會議，就是浪費生命。如果每次到頭來還是需要別人來拍板做決定，還是需有別人來分配工作讓事情進行下去。那麼，之前所耗費的時間、精力，是為了什麼？

他想要的「參與感」，我接受了；他有「完美主義」，我也明白了。我轉念告訴自己：

「這就是工作，最累的從來不是事情本身，而是事情裡的那些人。」

「這就是工作，就算事情不如預期，大不了就扛起來，大家就一起面對，沒在怕。」

果然，不怪別人心眼多，只怪自己缺心眼。我合理懷疑，他不是不做決定，是根本不敢扛責！

因為，每次老闆或股東在月／季／年會做檢討，提出疑問時，他都會回答：「這都是木木的決定。」我去！終於知道為什麼自己老是莫名背後插了很多箭，原來就是這種人把我變成了一意孤行的人！結果，當我還在想著「有問題一起扛」時，他卻想著「是木木的責任」。

原來，他不是不做決定，他根本就是不想扛責呀。

誒，一個大男人，真的就只有這一點能耐？這就是你可以有的手段？大家都在努力搞錢和搞事業，你偏偏選擇了搞笑？

人生本來就是由無數個「選擇」而組成，而一個人最終會成為什麼樣的人，都決定在每一個小小的選擇之間。能夠左右命運的都是你的選擇，絕不是際遇。而成人世界的第一條原則，就是「選擇」，並承擔起代價，然後無限循環下去。往往也都是在這樣的過程裡，「我們看輕了人性，也看清了人心」。

最後發現，一個人最了不起的本事，就是扛住。

扛住什麼？就是責任呀！什麼是責任？不是對那些想得到的事情負責，而是要對那些「沒想到的事情」負責。

責任，是需要指引方向帶領人心的信任；責任，是需要解決問題克服困難的能力；責任，是為了失敗買單承擔認賠的勇氣。責任，就是當行銷長面色不改說出「不關我的事」時，而我還在想著「沒事有我在！大不了一起扛」的心情。

結果，這世界有太多說一千道一萬，卻連手都不願意弄髒的人；這世界有許多遇事就甩鍋，連面對失敗都沒有勇氣的人。

原來，這世界不是所有人都有本事扛責任的。

這倒讓我更明白蜘蛛人那一句「能力越強，責任越大」的另一層意義，不僅意謂著「要有相對的實力，才能去匹配能承擔的責任」，更是在說「強者苦要自己吃，事要主動扛，鍋就自己揹」。

因為勤於扛事，決定的是成長；勇於扛責，決定的是機會；敢能揹鍋，決定的是格局。

所以能扛事的人，都特別有責任感；能扛責的人，也比較沒玻璃心；能揹鍋的人，能力通常都不差。這一切都是環環相扣的。

最後，俗話說得好「**事來能扛是本事，事過翻篇是格局**」。能扛多大的責任，就能成就多大的事；能受多大的委屈，就能扛起多大的責。

寫到這裡，我就決定原諒你了，行銷長。既然你沒那能耐，那代表你根本不是對手；既然你不是對手，那我就沒必要跟你計較了。

因為在敢說敢做敢承諾的路上，我就是期許自己要能成為那個可以霸氣地對身邊人說一聲：「沒事，有我在」的人。畢竟，真的不是所有人都有本事扛責任，但是扛住了，才叫真本事！

成人世界的第一條原則，就是「選擇」，並承擔起代價，然後無限循環下去。

最好的偷懶
是一次做好

習慣把事情做好，不是只有做完

關於做事

J是一位設計出身的小資男，日常工作之餘，非常熱愛經營自己的自媒體帳號，說起來也算是擁有許多粉絲追蹤的圖文創作者。白天的工作日程就是協助行銷同事製作社群用視覺素材，經營管理各產品的社交媒體頻道。

平常我對他的要求是：「在快媒體當道的年代，所有內容都是被快速滑過，閱讀不過都是幾秒瞬間的事。為了兼顧資訊的即時性和製作的高效率，我可以不糾結在設計上的盡善盡美，但至少排版上最基本的質感和吸睛還是要做到。」應該不算過分吧？

這讓我想起某日下班前的插曲。

J在下班前與我做例行進度以及隔天設計圖稿的審核匯報。也不知道那天J是出了什麼問題，圖稿的整體視覺不僅完全不平衡、圖形對齊也不一致、字體更是沒統一，甚至還搞錯品牌色。當天光是為了這些很不用（低）心（級）的（失）錯（誤）誤，一來一往進出我的辦公室就是好幾回。

其實J有這樣的狀況，也不是第一次了。我當然知道他就是想下班，就是想敷衍了事。也就在這一天，他一臉修改到生無可戀的模樣，點燃了我想讓他對我留有依戀的火苗，這不耐煩的語氣可是撞到槍口上來了。

不過，終究是個年輕人，因材施教的概念我也還是有的。在開槍時，還是得有點技巧。切入的角度懂得帶點玩笑和打鬧，不然一開始火力太強，就怕他們玻璃心又碎。

「大哥，不是吧？我說這邊調整一下，你就真的只調整這邊一下？」

「讓你改這個大標的字體，怎麼後面的大標也沒改？」

「我說一步你還真的只做一步？一個口令還真的只能一個動作？」

「哥我給你跪了，美感美感！拿出你穿衣服的美感來！」

正所謂「最溫柔的語調，最殺人的警告」，慢慢堆上我的態（火）度（苗）。

「這樣的東西，你好意思拿到你的Instagram上用嗎？」
「可以一口氣就做好的事，你現在不想多做，後面也不會少做。」
「這樣到底是我在刁難你，還是你在敷衍我？」
「沒事，你想弄到多晚，我會一起陪你到多晚。」
畢竟面對的是年輕一代的晚輩們，最後不能忘記要回馬一摸，秀秀一下。
「你明明就是一個很棒的設計師呀……blah blah blah……」
「圖也畫那麼好，而Instagram也經營得如此地有聲有色……blah blah blah……。」
「blah blah blah……」

這實在不是我在找碴，明明是一件很簡單的事，越想敷衍了事，到頭來越容易搞砸了事；明明就是能力範圍內的事，一開始「能講究」做事，又何必

「不將就」被人找事；明明就是該感到羞愧的事，但連最基本的「敬業」都做不到，又怎麼能說自己是「專業」。

在職場，能有「職人匠心」是一種非常難能可貴的精神，那一種對專業一絲不苟的態度，是值得讓人尊敬的。因此，在我帶領的團隊裡，最常聽到我像個老媽子念叨的金句名言肯定會有——「在一切可控的時間與預算內，能堅持『能講究不將就』，能做到『不敷衍有交代』，這才是最頂級的自律與負責。」

因為一次把事情做好，才是真正最厲害的偷懶。把事情做好，不是只把事情做完，才是最好的習慣啊。

如何做到「不敷衍」達到「最好」

不妨就先從小事開始，提醒自己開始「在意」。哪怕只是「錯字」，哪怕只是「對齊」，從工作裡的每一件小事、每一個細節開始。慢慢地你一定會感覺到，當想把事情做好的念頭越是強烈，便會開始注意到細節，然後執拗地為難自己時，這時潛意識裡的「龜毛」就會浮現出來。面對任何事情，會出現「這邊不對勁？」「那邊怪怪的？」

大家有沒有看過一個設計師在電腦螢幕前，一下靠很近一下又往後，睜一隻眼閉一隻眼的在兩張畫面上交互看，然後當他問旁人：「你覺得大一點好，還是小一點好？」時，旁邊人通常會回：「我看起來都沒差呀。」這種面對細節的錙銖必較，那就是想把事情做好的心。

當你能為此多花一點時間，哪怕只是多半個小時，哪怕只是點綴多一點心思，這就是「改變」！心若改變，態度跟著改變；態度改變，習慣跟著改變；習慣改變，性格跟著改變；性格改變，人生才會跟著改變。

習慣把事情做好，不是只有做完

人家都說習慣是一種很可怕的東西，最關鍵的是，它其實特別容易養成。

如果說一個習慣養成只需要二十一天，比失戀三十一天還要短，何不就把「努力」變成一種習慣呢？把「做好」而不只是「做完」當成習慣，將簡單的事都做到最極致，也是把熱愛的事做到了極致，這一切便會成為一種「價值」。

如此一來，正所謂魔鬼都在細節裡，細節也會讓你變魔鬼。

當「做好」變成一股「倔勁」，當「過頭」成了一種「偏執」，這不就是人們說的「執念」嗎？雖然往往能成就你的，也是最能傷害你的，也難怪常聽人家說：「我們都是被自己的執念所傷。」

即便如此，我還是從中悟透了一件事：當大家總說：「當你真的要做一件事，全宇宙都會聯合起來幫助你。」但背後的原因或許就是「你想要把事情做好的執念」已經戰勝了一切，也才會有所謂的「吸引力法則」，不是嗎？

這種執念會帶你進入屬於自己的平行時空，這一個是你選擇「把事情做好」的時空，這個時空的你，是選擇把事情做好的你，當然全宇宙都會幫助你呀！這是屬於自己的時空宇宙，你就是自己的全宇宙啊。

總之，當我們聽了這麼多的大道理，什麼意志力、什麼平行時空、什麼全宇宙、什麼吸引力法則，事實上，不過就是簡單的一件事：「意志力戰勝一切」。

當你下定決心要完成一件事，當你執著地想要做好一件事，一旦有了這樣的執念，意志力一定能戰勝一切，就連愛因斯坦都阻擋不了你，平行時空和量子力學就是最浪漫的理由。

就倚靠著那份信念，努力是不會騙你，時間也一定會告訴你，把事情一口氣做好，而不是做完，是對專業的負責，也是對自己的堅持。

唯有DO THE BEST，才有機會GET THE CHANCE！

別人對你的態度
都是你慣出來的

只有弱者會妖魔化強者

關於態度

我也曾經是那種最典型超容易心軟的濫好人。有多少次以為能忍一時風平浪靜，就會有多少次感受到退一步越想越不對勁。

當付出總被視為理所當然，當理解還被得寸進尺對待；當給了福利當福氣，給了方便當隨便，給了輕鬆當放鬆，給了臉還不要臉，給了尊重還是學不會自重……。

後來我就變了，畢竟再照以前那樣的混法，在《甄嬛傳》都活不過三集，早就死在湖裡或掉進井裡葛屁了。我終究得承認，很多時候別人對你的態度，都是你慣出來的。

這樣說吧，如果老王總是用命令的口氣，叫你去買杯咖啡給他，若是你照做了，這杯咖啡就沒價值了，而老王也會認為這是理所當然的。而如果你又讓老王養成了習慣，下次你沒幫他買咖啡，他就會覺得你變了，甚至心生怨懟。

細想很多時後，有太多出於善意的行為，無意間都成了惡意收場。所以也才會說，當善良成了弱點，又有誰會說自己是惡。反而是人家老王老李老張沒讓你幫他們買咖啡時，你哪天心血來潮買杯咖啡給他們，這杯咖啡就是加倍有價值。

真正有價值的付出，不是因為別人要，你就得給；而是因為你想給，所以你才給。你可以給他，但他不能（理所當然地）跟你要。他沒要，你主動給，他會開心甚至感恩；他主動要，你就給，他可能還會覺得你特別好欺負。

這世上最難為人的，永遠都是人心。

有些人心裡覺得「明明就是老王態度不佳」，但或許「根本就是你作賤自己」。你氣老王為什麼總要命令你，卻沒想過是自己的軟弱與不爭氣，才給了老王這樣的機會去指使你做事。最後你還站在道德的制高點上，指責老王為什麼要這麼壞！

這背後還有另一件人間真實是——強者不見得就是強勢，弱者總是自命清高。同時也是聖雄甘地的智慧：「老鼠是沒有資格原諒貓的」，弱者是沒有資格抱怨強者的。

這世上有太多道貌岸然的君子，也有太多自以為善的好人。這些人也許讀過很多書，也能說出很多理，心中都有理想大同，所以看事情總是非黑即白，非對即錯，非好即壞。然而說到底，回到現實就是個常打敗仗的失敗者，有些甚至是弱者中的弱者。

他們認為世風日下人心不古，人們只圖名利、罔顧道德、價值偏差、輿論不公、公權力不彰、正義難伸、公理不明。只要出了事，就怪東怪西，就是別人的毛病、社會的問題；輸了就用禮義廉恥、仁義道德來綁架強者，認不清自身的問題，還長著一張喜歡說教的嘴。

很多時候，一旦撕開道德的面具，弱者是沒有資格抱怨的！寬容是指有報復能力的人放棄報復，妥協是指平等談判者之間的相互讓步。**原諒與寬容是實力相當的人才能說的，而妖魔化別人就是弱者才有的行為。**

偽善與衛道就是最底層的人性邏輯，喜歡站在道德的制高點，像是社會負了期待，時代虧了好人，千錯萬錯都是別人錯，這就是典型弱者會做的事：**「不是意識到自己的不足，而是把所有強者都先妖魔化」**。

我不斷地檢討自己，如果以前別人對我的態度，都是我默許的。那麼時間教會我萬事藏於心，不表於情；社會教我太過善良，只會被欺負。那麼我會有的情緒，也都是在為過去的選擇買單罷了。

所以「後來」這兩個字，就是在說那些物是人非的事。

後來我就變了。從前那些道德綁架、情緒勒索的幫忙與邀約，我不想就是不想，我要拒絕就是拒絕，結果「不怕得罪人」的樣子擺了出來，大家反而客氣了起來。我知道人心換人心，你對我有一分好，我還你兩分；他給我三分信任，我還他六分，但面對任何背信忘義的人，我非善忘，只是不願計較，若總是再一再二，那麼我也沒有心慈手軟的下一刻。我不再委屈自己了，也不討好任何人了。

後來我就變了。我不猶豫展現硬氣與魄力，氣場一旦變了，很多人態度也跟著變了。我說得並不是增加侵略性的那種，而是遇到事情的時候，不會為了迴避衝突，而放棄發聲的機會。碰到不能接受的狀況，就要明確表達「我不認同這個觀點」，不會為了客氣而失去立場。畢竟職場上講究「公事公辦」；這是你展現專業的地方，強硬一點是絕對有理的。

後來我就變了。我開始知道面對非常時期，就要用非常手段；遇到非正常之人，就要用非常人手段。那些不動聲色就能過去的事，就不浪費時間和精力去掰扯了；那些能用實力碾壓的問題，就是直接直球對決，也不做任何爭辯了。強者不需要解釋，因為強者根本無需認同；弱者也不用解釋，因為弱者也無力反駁。

後來我就變了。如果說現在的刀槍不入，都是因為曾經的萬箭穿心。那麼現在的我，也是看透這世界的真偽，才真的開始懂得愛這一副百毒不侵的自己。

價值，
是自己創造出來的

領多少錢，做多少事？

關於價值

只要在職場打滾多年，肯定聽過一些萬年流傳在江湖上的名言，其中「領多少錢，做多少事」絕對是穿越年代，公婆誰說都有理的金句之一。我沒辦法說這句話是錯的，畢竟硬要戰一個邏輯上的「理直氣壯」似乎也沒毛病，非常符合市場交易中所謂的公平原則：「明碼標價，等價交換」。

如果員工心裡都想著「老闆給多少錢，我做多少事」，結果老闆心裡也想著「員工做多少事，我給多少錢」，那麼想在這樣「雞生蛋蛋生雞」的胡同裡尋找價值，就是天方夜譚。

人生的智慧，從來都不是簡單的數學公式

過去曾有一個九〇後的設計助理妹妹，她的口頭禪就是「領多少錢，做多少事」，秉持著「上班準時到，下班準時走」的原則，每每時間來到五點五十九分就開始倒數計時收東西，秒針準點六點就後退辦公滑椅站起來，貫徹執行這原則之精準，比她的設計工作還嚴實。

她說這就叫做「市場等價交換理論」，也許這樣的說法能讓很多人沉浸於當下的自我滿足，但肯定不適用於現實的「職場生存法則」。

試想，當員工都是用打工的心態在做事，只想趕快把事情做完，而非把事情做好，對老闆而言，手邊若有更好的案子、機會或是培育高階升遷的時候，肯定是優先給更主動積極願意為公司打拚的人去做。

我們可以從一件事情，來看清楚三種價值思維。

● 員工角度的「打工思維」

你每天朝九晚五，風雨無阻，上班打卡制，下班責任制，付出與回報不成正比，如果努力就是為了讓老闆離財富自由近一點，為何要這麼努力？更別說遇上「同工不同酬」的情況，如果領的錢都一樣，又何必要把自己搞得這麼累？

因此會有打工思維也是人之常情，畢竟公司的水太深，所以你才會摸魚。

● 老闆角度的「老闆思維」

拿多少錢做多少事也是合理，但誰工作認真、誰值得信賴、誰在打混摸魚，老闆都知道。先撇除管理層面的瑣碎事，但若要升遷或獎金配給之類的，也肯定是不會考慮你的。甚至「同工同酬」的狀態下，有人如果比你更優秀，也會毫不猶豫就換掉你。

畢竟資本主義是赤裸裸的，你沒有「多餘價值」就等於沒有價值。

● 價值角度的「菁英思維」

選擇擁抱社會現實的殘酷，先積累能力，承擔責任，交付業績，想辦法增進自己的稀缺性、不可替代的價值，才可能獲得未來更廣闊的空間。反正就算是打工，錢是目的，也是結果。如果能讓目的更好達到，多做一些工作為什麼不可以。

先積累自己，長了本事，還怕沒錢嗎？

不管是「給多少錢，做多少事」或「做多少事，給多少錢」，誰都有誰的理，不是什麼社會事實，就是角色不同，利益說話。

然而，人對於自己沒有經歷過的事，永遠都缺乏信任，你一直認為「不計較眼前利益，吃虧是福」是最真實的毒雞湯，但大腸裡包的也不是小腸，大腸裡包的是屎，有時真正的傷害在於知道，所以真正毒死人的也不是雞湯，而是認知。

不是「等價交換」而是「超值交換」

「薪水≠工作價值和未來」

現實告訴我們的價值定律，從來就不是「等價交換」而是「超值交換」，一個人收入和職位的價碼，除了專業以外，還有「多餘價值」，那些生存智慧、情商態度、忠誠等都不是能用簡單的「等價交換」來作為衡量金錢的價值標準，所以公司買你的時間和買你的能力，是兩個價位。

我們在職場上走的每一步，都會承擔相應的後果。

假設錢是由能力來決定，而能力需要經由事情來磨練。如果不多做事，就無法有機會超越他人期待去表現，也無法鍛鍊出自己的能力。如此一來，成長放緩，便難以勝任更重要的角色。

你（可能）對得起當下拿的錢，卻也犧牲了未來的自己，結果越計較眼前的利益和輸贏，輸掉的可能就是未來萬里江山的氣魄。

你可以當個憤（厭）世嫉俗的員工，也可以當一個乘風破浪的菁英，就看你是選擇當被現實踐踏的那一個，還是想努力征服現實的那一位。

總而言之，不管你是員工還是菁英，給錢的終究是老闆。身為老闆，真的也別太指望員工能夠完全站在老闆的格局去思考；作為員工，也別太希望老闆能用打工心態來對待你的工作。大家的錢都是錢，誰都沒有這麼偉大，一切都是價值交換，回過頭來就如前面所提「要麼忍，要麼狠，要麼滾」，句點。

職場本質就是博弈

勞資雙方都希望對方先付出，然後自己才行動，偶爾換位思考一下，如果還是想不通，不如就自己創業當老闆。成功了，你就會知道「多餘價值」有多重要；失敗了，你會更明白「多餘價值」有多可貴。

當然，在考慮要不要「拿多少錢做多少事」之前，也要看有沒有成長的空間和可能。畢竟有些職場環境多做了也不一定有正向反饋，因此，除了讓自己有所成長之外，就是攢夠了去下一個地方的歷練，早點離開這個環境。

假設你的夢想就是追求平穩，工作求生存也是為了討口飯吃，人生目標沒有太多野心，也未想過爭個一官半職或大富大貴，那麼這篇文章，就當走過路過翻過看過吧。畢竟三觀是用來約束自己，不是改變別人的。而人生價值百百種，真的不見得只有名望財富或當老總。

最後，職場本質如博奕，當你把焦點放在薪水上，也別忘了唯有自身價值才值錢。別忘了「掙錢是你追著錢跑，值錢是錢追著你跑」價值，都是自己創造出來的。

你沒有「多餘價值」就等於沒有價值。

前三分鐘「第一印象」定成敗

面試不敗指南

關於面試

我記得那天下午，下著滂沱大雨。午休過後，要與HR安排的面試者進行會面。面試者叫什麼，早忘了，就先稱呼他為「咆哮哥」吧。一開始，就在咆哮哥一段非常簡短又尷尬的自我介紹之後，我問了三個問題：

「有帶作品集嗎？」「沒有……」

「那網頁設計會寫Code嗎？」「不會……」

「那UI／UX設計有包括前端工程嗎？」「沒有……」

面試開始不到五分鐘，得到的都是簡短且否定答案後，我點了一下頭：

「這麼說，你算是純視覺……平面設計囉？」

就在此時，劇情忽然超展開，咆哮哥突然情緒失控大爆炸，大掌往桌上一拍，順勢往後一撐用力站起，會議室的辦公椅直接倒地，發出「砰！」的一聲。

「妳笑屁！妳笑什麼笑！」（我和同事對看了一眼，是誰在笑？）

「不會Coding怎麼了嗎？學歷高了不起呀！」「你又知道我學歷？」

「你們要會寫Code的，幹嘛不找會Coding的！」「是你來面試「資深網頁設計師」的職缺……」

「你為什麼有刺青?!」「什麼？身上的小狗刺青也惹到你？」

「有刺青了不起嗎！你是混哪裡的？我混菲律賓的。」「我混台北大安106的……」

「我什麼都不會，不然你們想怎麼樣？」「他就這樣一直重複罵著……」

我開始默默地收著面試資料，並且把筆記本蓋上，然後眼神定定的看他：「沒想怎麼樣，但是面試結束了。你可以離開了。」

說這句話時，真的沒想要挑釁，但可能是我的眼神不小心透露出了冷意和不屑，果然把他激怒了。

咆哮哥作勢要往我這邊衝來，同事立馬把我向後拉，我依然是泰山崩於前而色不變的模樣，脾氣也要上來了，更是用眼神死盯著他，然後輕輕側頭對他說道：「先生，差不多就夠了。不要打擾到其他人工作。現在，請你，離開。」

這時人高馬大的管理總監敲門進來，隨即變成兩個男人的對峙畫面，而管理中心也同步報了警。咆哮哥依然不斷怒吼著，還用肩膀撞擊著管理總監的身體，一副就是要挑事之姿。

「我就是來踢館的！」「不然你們想怎樣！」「你們學歷高了不起呀！」「現在還有人用踢館這個詞？」

約莫不到十分鐘，警察才剛到了前台，連開口問「發生什麼事」都沒來得及，咆哮哥突然轉身以手刀速度往安全門方向衝，留下一臉錯愕的大家和不清楚狀況的警察，畫面實在特別滑稽。

隨後總經理抵達辦公室，詢問叮囑所有狀況，包括事後接到恐嚇電話，並問我是否需要向對方索取精神賠償等事宜。唉，不是，我精神好得很，應該是咆哮哥的精神比較不穩定吧，難道現代人的精神壓力已經大成這樣了嗎？

雖然用了這麼極端的面試案例當開場，但，其實真正想要說的重點在於「第一印象」，因為他一開口的自我介紹是：「那個……那個……我……我叫×××，來……來……來面試……面試……網頁設計。之……之前做的是跟博弈……博弈……也是遊戲相關的……」

他吞吞吐吐地講完一句話，而面試官——也就是我，心中早已想著「NEXT，下一位謝謝」。

第一印象已決定成敗

七〇年代初期，美國心理學家麥拉賓（Albert Mehrabian）提出的「麥拉賓法則」，是根據科學研究來證實我們對別人的第一印象，有五成以上就是靠「外在所接收到的訊息」而決定的。從第一印象，再觀細節，繼而擁有洞察人心的本事，最具代表性的人物肯定就是「神探福爾摩斯」了！而本人身為一個資深福爾摩斯迷，就是特別迷戀他能擁有讀懂對方所有訊息的能力。

因為事實證明，我們身上有很多訊息都是在「直覺下的第一印象」就留下的。那些表象下看似不能作為依據的細節，指甲、衣袖、靴子、褲子的膝蓋部位、食指和拇指上的老繭、表情、襯衫袖口等細節，全都是福爾摩斯拿來結合邏輯與知識，將謎底解開的關鍵。這也是所謂的「初始效應」，在學習一連串有序列關係的項目時，在最初學習到的事物較容易記得。

假如一個擁有優秀學經歷背景的應聘者，在面試時因為緊張，而顯得特別畏縮不自信，更甚是無法與面試官有眼神的接觸，不停地扭動身體、抖腳，或直盯著自己手邊資料看。而光是這些肢體語言，盡是呈現出了一個人的「焦慮不安」，那麼，面試官的直觀感受肯定就是覺得對方抗壓性不足，更別說，若應徵的職務是一個「高階管理職位」，如此登不了檯面，又何以能為大將之才？

大家要知道，通常能接收到面試通知，便是代表「至少」你已經通過第一階段資歷和能力上一定程度的基本認可。所以，倘若眼前這份工作是你能力所及，且又擁有強烈的期待與興趣想爭取，那麼，除非是你對自己的誤會很深，太過自以為是，還端起架子展現高調，不僅高估了自己的能力，還低估了職位的要求；要不就是你有著天賦異稟的能力，或是強而有力的背景後台，不然從接收到面試通知那一刻起，大家比的都是「第一印象」，輸贏就在誰的第一眼緣最對味。

這真的是我多年「被面試」以及「面試人」最大的體悟。

如何博得好的第一印象

● 外表：注重儀表是最基本的

儀表不等於外表，不是在說美醜，而是散發出的氣質表現，是最為直覺的形象判斷。

一個懂得注重儀表的人，能獲得自愛、好修養及有個性的評價；反之，若蓬頭垢面、衣衫不整，就與懶惰、貧困脫不了關係，初始效應就是那麼殘酷。這是最基本的，就不多花時間贅述了。

● 說話：自然不造作的舉止及落落大方的態度

不需自抬身價，也不用貶低別人，無須過度點綴或包裝自己，從容面對所有問題，不卑不亢。

然後講話一定要大聲一點，把話講出來，但不是要你高亢過嗨。因為講話太小聲，容易讓人感覺畏縮沒自信。能夠把話說出來，才會有自信的感覺。

千萬不要人家問一個問題，都只會回答「嗯」「對」「是」這樣的社死句點答覆。多主動表達自己對於問題的觀點和想法，繼而說出一些對方沒有提到，可以藉由話題延伸到自己身上擁有的其他特點或經歷，讓面試官對你感到好奇，讓他對你開啟下一個話題。

但是，不是要你滔滔不絕，自己聊到忘我！是要讓面試官對你有興趣，主動想跟你多聊一點！

記住，頻率很重要！他們要的是能夠一起工作的人，不是無法溝通的人。

● 笑容：記得要笑

這應該不用說，最簡單又有效的武器肯定就是笑容了。

一見面就主動嘴甜問候打招呼，然後要記得笑。相信我，任何人遇到親切的人，都會直覺性地在內心先偷偷加分，而一張撲克臉是絕對不會讓人有好印象的。

● 真誠：一定要真誠

你一定要相信，只要你有實力，心中有信念的話，堅定就好。因為你不會知道，強大的誠意可以帶來的力量有多大，即使拙於言詞，還是有機會能讓對方感受到你想得到這份工作的渴望。

其實，網路上已經有太多各式各樣的面試攻略教學文，我肯定不會有它們說得好。但大家不要看「外表、說話、笑容、真誠」這四點到底有何屁用，正因為人家都說求職百態，縱使過去我的面試經驗一直保持著不敗紀錄，但隨著資歷越深，也常扮演面試官的角色後，更是明白每一個職缺的背後都會有諸多的考量，是與業務現況及企業文化有著很大的關係。

畢竟面試這回事，說到底也講求一個「緣分」二字。幾次經驗告訴我，作為面試官，有時候儘管這個求職者的履歷完全符合我的要求，明明是在「理性」考量下而聘用的，最後往往都還是會被這樣的理性給打臉。

久而久之次數多了，就會有一種叫做「根據我過去經驗的直覺」，這是不是自己要的人，可以感覺得到的。所以我才會說，面試的時候「頻率」很重要，有沒有「眼緣」也很重要。而大部分都是「第一印象」帶給我們的，正如同福爾摩斯破案一樣，所有的你要不要這個人的蛛絲馬跡，都會在這個人的身上出現。

當然，事情從來沒有絕對，這世界本來就有許多的不公平，就算我們全心全意準備面試，別人也未必會照單全收。我自己也並非完美之人，縱使說著自己有著不敗紀錄，但也不想以說教之姿來賣弄。也許無法完全解答每個人的困擾與煩惱，但我娓娓道來的，都是希望竭盡所能讓大家在茫然的求職路上，能盡量更堅定一點。

無論是面試還是其他人生大事，我就是特別堅信「徹底坦率，溫暖真誠」絕對都是不敗指南。

他們要的是能夠一起工作的人，
不是無法溝通的人。

輯
四

分岔路上

給 走 在 夢 想 的 路 上 需 要 勇 氣 的 你

未來沒有形狀
當下就是夢想

Alt+F4 我仍在戰鬥，不能登出

關於迷茫

後輩們常和我聊天，他們總是惆悵，也很納悶：「是不是每個人都有夢想？」「為什麼我不知道自己想要什麼？」同時羨慕道：「不是所有人都和木木妳一樣，一直都清楚知道自己想要的是什麼。」

其實每個人在二十出頭歲時，會迷茫都是正常的，畢竟誰的青春不迷茫？很清楚自己未來的人，反而不正常吧？我才是沒有夢想的人，也很少想未來，不過我一直很專注當下，之所以會變成這樣，也都是小時候害的……。

從小鬼馬靈精如我，國中就被送到私立寄宿女校念書，姐妹們都有著不錯的家庭背景，而家裡面也都早有為她們安排好出國留學的計畫。然而對一個三觀思想尚未健全的少女而言，腦海裡只記得當大家總在聊國外生活的事，我的腦海裡想的都是和姐妹們一起去國外留學的夢。

當年父親的事業正值高峰，難免也會想要給予女最好的，興許是他們有感受到女兒正在做夢，偶爾會在談話的隻字片語中，不小心摻雜一些讓我以為自己會出國念書的訊號（爸媽表示女兒想太多），就這樣在我的心中埋下了一顆叫做「我會出國念書」的種子。

怎料！升上高中，爸媽一點動靜都沒有，難道之前透露出的訊號有誤？難不成他們的教育計畫是從大學才開始？同學去溫哥華了，我人還在台北市。

怎料！大考結束，上了自己心中第一志願的大學，姐妹們都在世界各地了，我心中那團火苗倒也被懂事給捻熄了，畢竟父親賺錢也辛苦，我琢磨著也是可以等到研究所再去。沒想到，父母又明確表示：「有為妳留一筆錢，讓妳去國外念研究所。」好的，我的未來真的不是夢。

怎料！快畢業之際，肯定是出了什麼事，父母沒再和我提出國，反而問我「未來的就業計畫」，咦？說好的出國呢？

那心情就像是，從國中就以為高中會出國念書，到了高中以為大學才會展翅，結果到了大學決定等研究所再高飛，怎料……還沒起飛直接墜機。所以，「出國看世界」一直是我年輕時最大的「夢想」，造夢築夢都有了，少了逐夢，何來圓夢之有？

我回頭看了那段歲月的「追夢日記」（無名網誌），每一篇文章裡，字裡行間的信誓旦旦，那口吻、那語氣、那決絕、那執著、那堅持、那熱血，就先不嘲笑自己對自己吶喊的文字有多中二爆笑了，光是那股「自己的夢自己追」「管他的，豁出去了」「大不了去貸款」的信念，我簡直就是「能飛的時候，絕不放棄飛」的代表呀。

當時我只告訴自己，如果非得要去這麼一趟才甘心的話，那不要猶豫了，就去。我發誓回台灣就好好生活，好好工作，好好還錢，不再有念想。也是從那一刻起，就再也沒有其他遙遠的夢想，也從來沒想過未來的事了。

因為從前的留學夢，不是掌控在自己的手上，而是需要建立在依賴父母的前提下才有機會達成。所以直到決定開始要為自己戰鬥那一刻起，那才是真正開始在「做」夢，而且是醒著做夢，是動詞，現在進行式。

後來我一直在想，也許就是因為一直以來我的動力都不是走在「為自己而活」這種雞湯式的撫慰路上，而是走在「為自己戰鬥」這種熱血式的實戰中，這也難怪我總說自己沒有夢想，因為我走的每一步，就是在創造未來，我的未來，就是淋漓盡致做好每個事情的當下。所以我不追逐夢想，我追逐現實，我的現實人生在我腳下，我的夢想就在我的腳下。

未來沒有形狀，當下就是夢想

大家有沒有發現，小時候的我們無法擁有什麼，卻都知道自己想要的是什麼；反倒是長大後，明明都有能力去擁有些什麼，卻搞不清楚自己究竟想要的是什麼。結果最後都是「先預設未來的立場」，再來為「現在的自己，找對未來有幫助的路來走」。

難怪「夢想」這個詞特別搞笑，以「夢」開頭，以「想」結束。那麼與其冠冕堂皇地套上「夢想」這種詞，還不如直接去闖，這樣還更能掌握未來。你要知道，「因為當醫生有前途，所以我要當醫生」和「我想救死扶傷，所以要當醫生」這是不一樣的。

若你的目的是為了「美好的前途」，那真的就不要用「醫生」來當夢想了，它充其量也只是方法之一，好嗎？況且，到底有誰不想要有「美好的前途」啦？

所以呀，年輕的你不知道自己想要什麼很正常啊，知道現在要做什麼比較重要吧。這世界有人清楚自己的目標是什麼，就有人不確定自己想要的是什麼。先弄清楚自己的「初衷」，先找到自己的「想要」，有喜歡的事情，又何必執著於「目的」呢？太多人就是本末倒置了，才會一事無成，才總會見異思遷。

年輕的你需要的是「相信自己的相信」，然後「做就對了」，沒那麼多「可是」；年輕的你需要的是「堅持自己的堅持」，然後「一直做就對了」，沒有「但是」。

只要你願意按照腳步一直走，一直走，一直走，腳步就會帶你走到一個方向，那個方向，就叫「未來」。

那個「目的」，就會在這一路向前的過程中逐漸茁壯，只要越認真地走，「不知道要什麼」的形狀就會逐漸清晰；只要越奮力地走，在「不知道要什麼」的過程裡開始有了「機會」；不知不覺走出了「空想」，那就是所謂的「未來」。最後你會發現，「信念」都是能複製跟隨的，想要成功，執行方式就只有「堅持」一條路。

相信我，自己的人生就要自己戰鬥，心中若是有想做的事情，請務必要去做，不然卡在心裡面一定會難受。不管前方道路多麼隱晦不明，都有一種稱之為「決心」的努力，只要擁有那堅持到底的「決心」，所有眼淚和傷口就不會是白流的。

會迷茫是必然的，會無措也是正常的，誰都會需要安全感。「未來」若是夠明確，那就不叫「未來」啦，那就叫「現在」。而你也只能透過「現在」才能確定「未來」，不是嗎？夢在遠方，路在腳下，與其擔心未來，不如好好努力當下。未來這條路上，絕對只有「奮鬥」能給自己安全感。

也唯有經歷過這種心情，直到未來某一天，你回頭看著以前的日記，才會跟我一樣想抱抱當時的自己，對她說一聲：「真的很謝謝妳！真的辛苦妳了！謝謝妳一直堅持下去！」

謝謝當時的自己，讓現在的我更堅定相信，「人所能擁有最後的自由，就是我可以決定自己的態度」。

我相信，風會記得來時的痕跡，答案就交給時間去尋覓，歲月也只會改變那些原本就不堅定的東西，人生這條路，就是要為自己戰鬥啊，Alt+F4我仍在戰鬥中，不能登出啊啊啊啊啊啊！

不先弄髒手
什麼都不會改變

想拿 ACE，也要有梭哈的勇氣啊

關於勇氣

這是一個「抹布很無辜」的故事。

國高中時，每學期班級都會輪值去打掃學校餐廳。對一個在如花般年紀的少女而言，自從摸到像腐屍般的臭霉抹布後（好像我聞過腐屍一樣），那一股陰魂不散的幽靈霉臭味，就成了我始終沒有消失的童年夢魘，說是一種精神創傷也不為過。

只記得當時若是被分配到要去擦拭餐桌的任務，我會只用兩根手指頭夾著抹布，用神龍擺尾的方式趕緊把事情完成。別問我當時有沒有把桌子擦乾淨，誰管它有沒有乾淨啊，我只想我的手別留臭啊！

直到十八歲開始在慣用大量工讀生的外商企業工作。菜鳥新人不外乎都是被分派到去做雜務瑣事，舉凡清潔、打掃、倒垃圾，甚至是站在路邊當三明治人活廣告。那些最不需要動頭腦，流的汗最多的工作，全都得扛。

那時候就有個體悟，若是想要在百人工讀生中脫穎而出往上爬，菜鳥比的就是誰夠積極、誰夠賣力、誰夠靈活。這時候想展現出自己「不怕累、能吃苦」的模樣，就是雙手袖捲起，伸出手來好幹活。不管是拖地掃地、搶著倒垃圾，就連擦桌子我都想把它擦出大理石的亮，這個時候根本不會想到臭不臭，抹布肯定大手直接抓，屁話一句都不吭。難不成這時候還想著用手指夾抹布擦桌子？那桌子肯定油到發亮，我也等著挨罵吧。反正想把活幹好，不弄髒手是不可能的，要臭就臭吧，大不了下班泡在香水裡就好！

做得了髒活，才會堆積最大能力

長大後，真正闖進了江湖，興許是從小打工就有這層體悟，所以「把手弄髒」早已不是一種能力值的展現，而是一種精神了。如果沒有這種精神，很多事情都只會飄浮在半空，無法落地；如果沒有這種精神，你的想法最終只能是想法，永遠不會有實現的一天。

這時候你可以仔細觀察，這是一個了解每項專案的細節，才做出所有決策判斷的老闆嗎？這是一個習慣聽下屬的二手分析報告，還是親自接觸一手資料的主管呢？他們是在創業時，會埋頭嘗試所有瑣碎又繁雜的鳥毛事的人嗎？是不是在人力不足時，也願意親力親為去做那些低階低難度工作的人？

到底是不了解執行細節，所以常做出讓所有業務與後端執行都會溝通困難的決策，還渾然不覺；還是週會報告用的資料和簡報，都是下屬替他分析好的數字統整和總結，也不以為意；是不是覺得創業那些鳥毛瑣碎事是員工要去做的，老闆是要去做格局更大的事；還是從來沒把自己也算進去所謂「人力」的一部分，反而認（壓）為（榨）其他人應該做更多事。

我協助過許多新創團隊從無到有將品牌建立起來，遇到最多的問題就是「不想做小事，只想做大事」「不想做手邊事，只想做天邊事」的人。我通常都只問一句「如果你連抹布都不想拿，要怎麼經營一家清潔公司？」

要如何逼自己弄髒手，最好的方法就是與「問題共存」，真正的髒活，從「發現問題」和「解決問題」開始。

有一句話是「沒有調查，就沒有發言權。」所謂的「田野調查」，可能是泥巴地，也可能是沼澤地，重點都在於唯有踩下去，才能知道深淺，才能感覺到溫度，才能直觀地感受問題，進而解決它。

不論任何事情，當手從袖子中伸出來，親自去觸摸、揉捏、摩擦，就能增強我們的所有感知，這時候也才會刺激大腦中有關創造力的部分。也唯有這樣做著做著，想法就來了，思路就出現了，計劃就會調整和修改了。

真的不要怕弄髒，就是要身體力行，就是要事必躬親。很多創業想法都很好，但也有很多事情都會跟你想的不一樣，甚至是南轅北轍。也唯有如此，在每一次把手弄髒的過程中獲得了知識、技能、能力上的提升，也會發現顧客所在乎的事，或是員工所在乎的點。

把「骯髒」想成危機與問題，就有如世界本來就不乾淨，所處的環境也一直都有髒汙存在，既然一直都是髒的，也代表問題一直存在，這時需要的是與之共存。

畢竟「弄髒手」對不同人而言，在不同的狀態下，意思不盡相同。有些人認為的「弄髒手」，指的是願意挽起袖子親力親為；有人以為的「弄髒手」，是為達一切目的不惜放棄原則和底線之舉。

千萬別誤會了，我在這邊說的是「弄髒手」，而不是讓你「變黑手」。若自己沒有堅持原則和底線，還想打著「為了成功」之名，往「成功」頭上放個屎盆子。是要你想拿ACE就要有梭哈的勇氣，不是讓你為了拿ACE就可以有不當人的主意，懂？

總而言之，就像大家說的：「最清晰的腳印總是留在最泥濘的路上」，很多事情唯有親身經歷才會有深刻體悟，你要相信自己都做得了髒活，就沒有不可做之事，也唯有使勁了洪荒之力，才能成就最大之業。

「德不配位」能力再強都一樣

你需要的不是骨氣而是底氣

關於累積

那一年她初出茅廬時，便有幸遇上想要大刀闊斧、大膽創新事業的伯樂賞識，因而「空降」至百人企業，直接任命核心高階一職。

大家腦海裡應該已經有一些故事輪廓吧，劇本通常都會是這樣走的。

當一間企業遇上了「空降高階」，不外乎就是有股權上的異動，或政治決策上的大整改。這時候的組織結構亦有可能同時面臨裁員、合併，或有新的團隊入駐。當她還一派天真地準備在職場大展身手，更期待認識更多志同道合的夥伴時，但，迎接她的是辦公室惴惴不安、人心惶惶的氣氛，還有特別不善的眼神。

其實她多少也能猜到，一定會有很多員工心裡百般不是滋味。畢竟面對這種「資歷與歲數都無法讓人服氣」的空降角色，還是一個年輕女生，多少次會議上的言語挑釁，那些資深員工活生生就像是要吃掉她一樣。

當時她的人生里程也是全新篇章，對自己的未來也是充滿期待，肯定抱著初生牛犢不怕虎的精神，滿腦子想的就是證明自己，所以也是特別有骨氣。

為了讓自己看起來更強大、更專業、更成熟，每天上班都特別武裝自己。搖身從一個背著大包的美式街頭妹子，變成一個紮起過腰長髮、搭上俐落妝容、踏上九公分高跟鞋、拿起機車包，儼然是俐落幹練女人的模樣。

每天都盡全力維持在最（自）理（以）想（為）的狀態與模樣，來面對那些百般刁難、不合作、唱反調的同（老）仁（屁）們（股），正式展開了她充滿挑戰的高壓旅程。

在當時，台灣新創產業尚未蓬勃，一般傳產體制的企業很少會願意用新創人才擔當高階主管職。她很清楚知道大家在想什麼，然而「想得到認同」都是年輕人的通病，證明自己有名符其實的價值。所以她更是花了十二萬分的努力去增進自己的不足，哪怕是網頁程式語言、前後端工程、UIUX設計、媒體廣告投放、動畫特效剪接等，軟硬能力無一不涉獵。目的就只是為了能夠在面對這份工作時、參與每次會議中，她都能從容面對每個人的找碴，且應付自如。

諷刺的是，這些她為了證明不足而去涉獵的，後來不僅獲獎，還有講座邀約和專欄，貌似無心插柳的努力結成了蔭；然而，為什麼當時的她還是倍感無力呢？為什麼還是毫無成就感呢？有意栽的花，是不盛放了？還是栽錯了呢？那是一種用盡全力重擊在海綿上，卻似是毫無施力的感覺。

過了很多年後她才明白，縱使大家都知道職場就是一個用「能力」和「結果」論英雄的地方，但在東方社會裡，有些刻板印象還是包含著一定的社會真實。就比如，人們總是習慣將認知簡化，尤其對於新的人和事，還沒有真正深入地交往和瞭解，就先入為主，用最簡單粗暴的方法去對人進行評價。像是：

用自己的性別價值觀——一個小女生，能懂什麼電腦網路。

用自己的經歷，低估別人的能力／努力——這麼年輕，到底行不行呀？

用惡意的揣測，進行歸因——長得漂亮，是靠顏值升職吧。

無論是誰扮演了這個角色，有些委屈都是來自於以偏概全，並非一朝一夕就能改變的。唯一能做的就是替自己掙更多「底氣」，有足夠多的底氣，別人自然會服氣，因為他們必須讓自己服氣，才過得了那些難以跨越的情緒。

什麼是「底氣」？難道「盡力」就有底氣？但是盡力了沒成績，盡了力沒使上力，那就很洩氣。有「能力」就是底氣？但是只要太年輕，經驗不足，依然會讓你不足氣；家裡「有錢」就是底氣？但底氣是家裡的，不是你自己的，隨時會斷氣；自己「有錢」也是底氣？只要金錢沒有一直持續入袋，就會被認為是僥倖，很快就沒氣。

一個真正有底氣的人，會散發出一股莫名的氣場，那是由內而外散發出的能量。那股「氣」，並非財大氣粗的「氣」，因為站在「理」字前面，有錢不代表就能理直氣壯，只不過是利用金錢虛張聲勢，而且沒了錢，就什麼都不是了。所以這種「氣」非底氣，是自大的傲氣。

「底氣」是不用靠任何外在因素去包裝，「底氣」就是實力的外在表現。它不會說有就有，它會透過你的真才實學、刻骨努力，它必須伴隨時間、積累閱歷，它是集大成帶來的智慧，繼而散發出的氣質。因此只要有實力才能有底氣，有底氣就會有氣場。

所以真正的「底氣」是需要「時間」淬鍊與積累的；真正的「底氣」是需要用「經驗」熬煮出來的。

鋼琴神童，小時候也只是「神童」。沒有經過時間歷練與努力，長大沒有好的成績變成「周杰倫」，那麼頂多就「以前是神童」，長大後就是一個「小時候很會彈鋼琴」的人而已。

當時的她，也許重擊了海綿卻無力，但其實能力如海綿裡的水，沒有用力擠壓，它是絕對流不出來的。因此，當時的她，需要的是更多的底氣。

因為坐上那個高度的位置，就該要有那個高度的位置該有的深度。這都無關能力與努力，就是少了熬煮的過程，好的藥材淡而沒入味，那也沒用。

唯有時間會讓我們把經驗、知識、思維一直不斷地進行重構，慢慢地格局才會有所不同。畢竟一個人視野要有多廣，思想才會積累多深，而且擁有的能量會是完全不一樣的高度，這才是真正的底氣。

原來，只要「德不配位」，能力再強都一樣。因為不是「你說的話沒有分量」，而是「你說話沒有分量」。不是你不努力，而是你再怎麼努力都會顯得中氣不足。

這條路上，只有奮鬥才能給你安全感

人在茁壯的過程中，不管是不是能力超群，抑或是成績出眾，都免不了會因為一些社會現實而被質疑，或是不被相信。這時候你不需要為了要證明自己，去改變腳步；你更不需要一直抱怨這個、抱怨那個，因為這都無法實質幫助到些什麼。

你眼前唯一能做的，就是把你的角色「該做好的事」，都「做到你能力所及的最好」。放下別人對你認可的需求，也不要計較付出與獲得。

所有故事都告訴我們，每個為了得到他人認同而要的代價，都遠比你想像中的還要高。所以「把事情做好」，不是為了給人看，而是為了讓自己更強，你是在為自己努力。

你現在盡了多少力，付出了多少心，留了多少汗，這些累積永遠都是你自己的。餘下的，你要相信你自己，時間會給你答案。

然後直到某一天，你會突然發現，走過了各種各樣的事件淬（摧）鍊（殘），你的歷練和能力就會默默開始替你背書，這時候底氣就會見章。而這股底氣，會是一種心裡踏實的感覺，一種從容自落的淡定。

等到那個時候，你不需要武裝自己，也不需要穿高跟鞋，你就算平常就像是個孩子，下一秒聊起專業亦是能瞬間入魂，別人也會肅然起敬。因為只要真正的底氣在，氣場自然會圍繞你而行。倘若你還能繼續堅守著年輕時那份志在必得的初心，那份想要改變世界的決心，這時候再拿出你的底氣，做起你的大事，這才叫做真骨氣！

能得償所願的
都不是人生

理想是有實力的人才能談的現實

關於信念

那一夜是咱們大學臭魚爛蝦一夥人的聚會，我們在客廳喝著啤酒看YouTube，突然有感聊起了整個產業大環境的事，大夥的情緒特別洶湧澎湃。

我們說著那些影視圈仍然會有的不成文規矩，還有在各自領域內前後輩們都必須遵守的默許和認知，以及有線電視與OTT平台之間的策略，在行業出現的惡性關係與競爭等。

在電視圈打滾多年的資深編劇小飿，和第一線拍戲的資深攝影老李說著：

「老李！現在就是我們了！」

「現在已經到我們這一代了！」

「晚輩們正在看著我們啊！」

「難道還是這樣嗎？難道還是無能為力嗎?!」

手上這杯酒，是越喝越沉了。是呀，當初年少的夢想都實現了嗎？那些看不慣的現實有改變了嗎？你扛起晚輩希冀你的眼光了嗎？你有努力不讓自己成為自己都會討厭的大人嗎？

縱使不想面對，但我們終究真的來到了這一代，來到了那些二十出頭歲嘴裡的「大人」這一代，來到就該拿出實力和本事讓情懷落地的這一代了。

可能是背景使然，在工作上與生活圈接觸的、深交的大多是職人。特別諷刺的是，無論是影視娛樂媒體業、或是體育藝術文化圈等，你都不難在這些人身上感受到對大環境／產業的愛與恨，對內容質感／專業要求的執著與放手，似乎大家總在理想和現實的兩端掙扎與奮鬥。

這讓我想起作家蔡康永在《寶寶日記》裡，刻入我髓的一句話：「做電影，往往是在看自己可以堅持到什麼時候；做電視，往往就是在看自己可以放棄到什麼時候。」

以前只覺得康永哥的文字寫得好，後來我覺得康永哥這話實在沒毛病，簡直是太通透了。

興許是聽了太多、看了太多，最後也只能剩下聲聲嘆息。畢竟太多的圈子都如此，有多少「一直都這樣」的官僚惡習，從過去到現在一直都沒改變；又有多少因為「一直都這樣」的傳統作法，明知道該改變卻停滯；最後就有多少人都在「一直都這樣」的前朝遺毒下感到心力交瘁，最後慢慢地也成了「一直都這樣」的前朝人了……。

酒繼續一杯一杯地乾，人夥繼續喇賽隨意聊，寫過幾齣知名戲劇、也被提名過金鐘獎的小龜特別有感觸：

「十幾年的編劇生涯，既存不了錢，也買不了車，我不知道自己留下了什麼……」

「前幾天前輩略過我說，想知道年輕人的想法，我是沒有存在感嗎……」

「整個產業不還是需要靠文化部輔導金死撐……」

「其實我們都是國家的米蟲嘛……」

這樣聽下來，是個挺悲傷的故事，畢竟能輕易得償所願的，都不是人生。

不過驕傲的是，小龜依舊在努力沒有放棄，繼續越級打怪，在未知的領域裡伴隨著胃痛，還是在期待未來的自己能感謝現在的自己。

「信念」就是人最有力量的種子

我常在想，人們總說一個人「真有『種』」時，指的就是有膽識、有志氣。那到底什麼是「人心」的「種子」呢？是什麼讓我們會產生動力去追求，繼而擁有價值的傳遞呢？我想就是「信念」吧。只是身處在現代的江湖「職場」，跟人講「信念」似乎特別可笑。但就算被人笑，就笑吧，我有信念我驕傲，而且我還在為信念戰鬥呢，就是「夠帶種」才會有信念的。

我們都知道這個世界不公平，但就算「命運」這兩個字就是用來打擊人的，我們身為人至少保留了「偏執」的權利，可以為了改變而努力。所以在社會打滾久了，也明白一個現實的道理：想要堅持信念，就得先付出極大的努力，去擁有相對的實力。

因此力爭上游，也是為了讓自己成為一個擁有選擇權的人，擁有能選擇「堅定信念」這個籌碼的人，成為擁有原則和底線的人。因為我知道，**理想是有實力的人才能談的現實**。

關於「信念」這回事：小可以微小到一個堅持、一個態度、一個原則；大則可以巨大到改變整個環境惡象、劣習文化的理想。

不管是去改變那些以前我們口中「討厭的、現實的、骯髒的、屈辱的、不舒服的」等事情，或是改革那些「一直都這樣，卻不見得是對的事」；甚至是扭轉「一直被傳統綁架的做事方法、觀念、制度」……這一切之於我而言，就是一個驅使我「絕對不要變成從前我也會討厭的大人」的一個信念。

這個信念，會讓我在灰心喪氣時，腦海裡會有個聲音：「你在做對的事，所以沒關係，這是信念！」；它會讓我在做下選擇時，腦海裡會有個聲音：「你要做對的事，所以不要怕，這是信念！」

如果「一直都是這樣」不見得就是對的，那你是拿起武器對抗，還是選擇棄械投降？如果「前朝遺毒今朝衰」那你是否有為改革努力，還是直接向現實妥協？如果做不到步步到位，那你是否也能問心無愧？大家是否有想過，如果每個人都盡力做對的事，整個環境還無法被改變嗎？

偏偏最可笑的是，當我們慢慢成為有能力的人，很多人對「信念」似乎也沒那麼執著了。難道是因為走了太遠，忘了為何出發嗎？還是根本沒有努力，就直接放棄了？我想多半都是覺得人生在世，又何必把自己搞得這麼累。

最後，很多人就這樣在時光的洪流裡，悄無聲息地打了當年氣噗噗的自己一巴掌，然後終究成為一個沒了志氣的大人。這其實都沒什麼對錯，人生本是混沌，當下都是選擇。

只是，你怎麼捨得回過頭告訴那個年少的你：「抱歉，我最終還是向生活妥協了。」

雖然我們都知道「很多人都是被時代改變的，只有極少數的人是可以改變時代的」，但是那一句「起初我想拯救世界，後來我只努力改變自己，因為我發現它們是同一件事。」我依然奉為真道理。

在這個懷疑的時代，想要保護曾經的理想和激情，本來需要的就是「信念」。有的時候掙得這口志氣，也只是求個態度，有些浪漫主義也是因為受過世界的摧殘，但並非天真地以為自己能改變時代，只是更相信人只有在想捍衛內心最珍貴的東西的時候，能成為真正的強者，這樣才有力量一直戰鬥呀！

現在我只知道，當我們成為後輩眼中的大人時，我們不努力變成自己理想中的人，又要怎麼變成別人理想中的人呢？所以我才沒放棄，我依舊很努力，因為現在就是時候，要更努力用實力讓情懷落地。

無論如何，至少都要做到可以理直氣壯對自己說一聲：「我終於成為不負眾望的大人了」。

你不需要很厲害
才能開始
但你要開始
才會很厲害

跑起來，就有風

關於開始

H在三十歲之前，於大型外商企業有著一份非常穩定的行政工作，這同時也是他十八歲時就開始的第一份工讀，算一算累積年資也十年有餘。只是在與高階主管長跑多年的辦公室戀情分手後，他的事業就一直處於不上不下的狀態。苦無升職加薪機會的他，有志難伸、抑鬱寡歡，就在那時候興起了跳脫這個舒適圈的念頭。

當時對他說的話依然言猶在耳：「外面的世界很辛苦的，你真的有想清楚嗎？」

只是那樣年紀的男人，會有的回答肯定都會是：「我不怕苦，也很願意學，我就想出來闖一闖，靠自己打拚一下。」如此的壯志昂揚！

在他三十一、二歲時，還是下定決心離開了工作十多年的地方。之後他搞過品牌、待過傢俱業、當過廚師、也做過房仲……。

就在H即將滿四十歲生日的前三個小時，收到他捎來的一封訊息，讓本來這一篇是想來聊聊「拖延症」的故事，直接變成了中年男子的哀歌。

*****

「誒，妳周遭或朋友有沒有工作機會，我這幾年很不好過，感覺都在流浪。這把年紀丟履歷也都沒回應……」

「怎麼之前沒聽你說？房仲沒做了嗎？最近發生了什麼事，怎麼這麼突然？」我回。

「房仲沒做了，就過得不好。覺得自己一直在浪費時間，四十歲了啥都沒有。」（這是大叔的落寞？）

「沒有人等下生日，現在是這種情緒的啦。」（我等一下是怎麼祝福快樂啊？）

「我每天都很想哭，覺得對不起我爸媽……」（等等……看來我還是先去冰箱拿瓶啤酒，這是要促膝長談了。）

「別這樣，我也有低潮過。你其實一直是有工作的，就是定力不足。現在又要換工作，前面的履歷根本無法累積，如今也只能從餐飲服務業下手了。」

〔檢討過去沒意義，直接找解決方案比較可靠。〕

「對啊，這幾年最開心的日子就是在餐廳的廚房裡，但他們卻倒了。」

H一直很喜歡料理，但明明廚師證照都考了，為什麼下一份工作不往自己有專精、又有興趣的發展，結果跑去做房仲?!

「之前××店有在徵人找廚師，條件還不錯，你先去104看看，我也幫你跟他們老闆打聽看看。」同時，我還傳了之前看到××店老闆在社群上張貼的徵人截圖「廚師／料理長：起薪四萬至六萬元」給他。

結果，他回了：「這是料理長，我沒這麼厲害啊，我連二廚都不是。」

我去！你乾脆去搞樂器好了，這個退堂鼓打得倒是挺厲害的。

於是，我耐著性子地說：「你之前不是在〇〇集團擔任過廚師嗎？我才不管二廚是什麼，但我不覺得〇〇集團會找一個很糟糕的人進去當廚師。你懷疑自己就算了，你懷疑我的常識，這就過分了吧。」

「不是！那個真的要專業！」〔唉唷，想拿專業壓我呀。〕

「雖然它裡面寫了『廚師／料理長』，你可以先是廚師，等再厲害一些就是料理長呀。

你對你自己弄的東西好不好吃都沒有信心了，誰要吃你東西。

你如果找工作都是這種心態，當然找不到。」我實在忍不住就開始劈哩啪啦地攻擊。

「廚師我可以啊，我一定可以！我對燒烤還蠻有研究的。」

「把你的自信給我拿出來！死氣沉沉的，像個什麼樣？」

「我知道了啦，每次都需要妳。」

「我能幫忙一定幫。只是若沒有你拉自己一把，誰都幫不了你。

你要有覺悟的心，不然如果沒有要尋死，那麼要麼就是爛到底，不然就是讓自己更好。兩條路，你走哪一條？」我還是有給出建議。

「我就是受不了自己，才會找妳求救。」H回。

「所以才更要打起精神來呀！你也看過我爛成什麼樣，那時候我不也天天喝酒。

這真的不是有沒有才華的問題，這也不是能不能的問題，而是要不要做的選擇。」

安慰人也是講究技巧的，H了解我過去的經歷，雖然每個人都有自己的辛苦，沒什麼好比的。但在某些事實前提下，有時候只要身邊有比自己更慘的，當事人的痛感就能緩解許多。就好比你說你失戀了，我說我剛離婚，你說錢包掉了，我說公司倒了，肯定就不會覺得這麼倒霉了。

「不是，妳一直都有才華，我是真的……廢。」

「你是有廚師證照的人，到底哪裡廢？我一直跟你說要堅持，你就喜歡去亂闖。你不為你的能力續命，能怪誰？」

「我就想賺錢，才會去當房仲，結果又遇到疫情……」

「你一定要轉換心態，你要想著的是『變強』。先變強了，先有價值了，錢就會來。而不是只想著錢，沒有能力哪來的錢，你一直追著錢跑，跟讓錢來找你，這是兩件事。」

「對啊，這就是妳跟我不一樣的地方。妳已經突破天花板了！」「別鬧了，你現在這狀態，看誰都是天花板。」

「我離天花板還很遠，但，至少我知道努力變強絕對沒有錯。」

於是，我又繼續說了：

「反正你的四十歲，一定會有一個好的開始。你看李安，也是過了四十歲才開花，馬雲也是三十六、七才開始，請給自己一顆定心丸。只要有心，結果不過就是大器晚成，不過還是成呀！」鐵打的李安馬雲，用不爛的例子，激勵不完的人心。

「好，我來磨刀，準備出鞘。」「我就是在等這句話！」

果不其然，聊過了凌晨十二點，一聲生日快樂祝福給了他，正式開始了不惑之年。

＊＊＊＊＊

上述的對話，無論是「中年就業」「累積履歷」「錢追你你追錢」等，全都是萬年不敗的話題。然而，你也許會覺得，H就是不夠了解自己，當初就不應該離開外商企業。

不過，「衝動跳脫舒適圈」「心有餘而力不足」「原來沒有自己想像中厲害」這樣的人，其實非常多。要看誰真的能撐過那段黑暗的日子，更或是現在眼前的這份工作，可能都只是「退而求其次」的選擇，也都只有你的自己心裡會知道。

也許表面上，H確實不應該貿然離開，因為當年的他，沒有足夠的底氣和能力。不過，他有「開始」打拚的勇氣，想要跳脫舒適圈這一大步，不是所有人都敢去做的，每個人終究還是得為自己的生存做點打算，當時我是替他感到驕傲的。

只是他汲汲營營追著錢跑，沒去累積自己的履歷，這是我替他覺得可惜的，不過，很多事情也只有自己走過才會懂得。當朋友的可以指點，但就不需要指指點點了。

現在幽默的是，不知道是不是經歷了現實的摧殘，他反而漸漸沒了「開始」的勇氣，直到有機會降臨在他眼前，他想的是自己還不夠厲害，他懷疑的是自己的能力。

卻忘了，很多時候，真的不需要很厲害才能夠開始，而是要先開始了，才能有機會很厲害；有些事情，你不需要很懂才能開始，但你一定要開始了才會有機會懂。這世上本來就沒有最好的選擇，只有選擇了之後，做到最好。

我對他說，我不懂料理，但我認為一個廚師講的就是「手藝」。「手藝」就是只要願意花時間練，我不相信做不好。其次，講究的是一個「態度」，只要你真誠認真又努力，有「手藝」有「態度」，服務餐飲業怎會做不好？如果機會就在眼前，哪有什麼厲害才能開始的道理，先要敢去接受才有機會厲害。

在沒動起來之前，別再糾結在一些沒必要的事情上。正如同「想，都是問題；做，才會有答案。站著不動，永遠都只是觀眾」。與其把大把精力花在糾結焦慮煩躁上，不如直接行動找答案。更不用說，如果你不知道自己要去哪，那麼現在你在哪裡真的一點都不重要。

所以任何時候的「開始」都不算晚，最差也不過是大器晚成，前提就是也要有個「開始」，對吧？

反正，先別管結果了啦！你只需要知道，先跑起來，就會有風！

不是每個人
都有用力活過的
代表作

熱情是很珍貴的，你一定要珍惜

關於熱情

你曾有過「那些年」嗎？

十二歲的我們，總想著快點長大；十八歲的我們，就想著快上大學。年少時的我們，人生的終極目標好像就是「考上好大學」。也不會特別去想，大學畢業後的我們會變成什麼樣子。只知道大學生活是美好的開始，不用天天穿制服，不用天天早八上課，可以自由戀愛，可以認識很多新朋友，也不會再有門禁。彷彿人生即將擁有不一樣的精彩和另一種風景。

直到大學畢業之際，面對即將不再是學生的自己，準備規劃未來漫漫長路時，難免都會回首過來路。姑且不論高中的你，是否對大學的自己有過任何憧憬；但可以肯定的是，普羅大眾所憧憬的年輕人，應該是要可以為了某個目標，點燃整個夏天的。

那麼二十歲的你，有為自己熱愛的事情努力奮鬥過嗎？三十歲的你，是否也對那份熱血難以忘懷？如果人唯有在年少輕狂時，才會用盡全身全心的力量去追逐心中的渴望，去放肆掠奪心中的感受，那麼能左右我們的都是「決定」，而不是「際遇」。

人活一輩子，沒有一段想起來會熱淚盈眶的奮鬥史，真的也就是白活了。

即便這樣的奮鬥史，不是「賺大錢，創大業」這種能用金錢量化的夢想，是任何一種曾經「很認真用力活過」的滋味。無論是跌跌撞撞，甚至頭破血流，但只因痛過、笑過、經歷過，現在只要一想起來，嘴角仍不自覺會上揚的熱血青春。

就好比一種成長儀式，像是《那些年，我們一起追的女孩》才有的年少輕狂；抑或是為了《初戀那件小事》醜小鴨也能變天鵝，那都是《我的少女時代》才會有的熱血悸動；還有許多體育的世界，總有一個瞬間能讓人情緒翻湧、眼眶濕潤，那是一種無關國界、性別、年齡、種族的情感共鳴。

彷彿二十歲大聲高唱「前青春期的歌」，只想著青春無敵；三十歲低哼呢喃「後青春時的詩」，就盼能無悔青春。直到老了回頭想起「青春」，它就不該只是個「年紀」，而要是一種模樣。而青春該有的模樣就是「要很用力地活！」也正是因為「用力過」，所以才特別刻骨銘心，特別難以忘懷，最終化為一種屬於自己無以名狀的情懷。直至腦海裡，那些記憶裡的角色都沒有長大，而我們，都已長大回不去了。

就像九把刀曾說：「這世界上或許真有無論怎麼努力也得不到的夢想，但若一百倍的努力可以讓我以呼吸的距離靠近它，觸摸它，那麼我就會去做……最後被自己感動得亂七八糟。」

現在回頭看著當時自己每天在「無名小站WRETCH」備份下來的網誌，不僅很用力地活，也很用力地寫，一堆替自己鼓勵的正能量文字，也把現在的自己感動得亂七八糟。

「年輕是我們唯一擁有權利去編織夢想的時光，聽了太多人說著現實不允許，也太多人總說事情沒你想得那麼簡單；但是我偏不信什麼現實狗屁這理論，我偏不信心有餘而力不足在實現理想上面會是個障礙，因為我唯一得做的，只有不斷地告訴我自己：『「不可能」只存在蠢人的字典裡。』」

「我們看了那麼多忠於自我、追逐夢想的勵志電影，也讀了那麼多成功人物的傳記與故事。千篇一律幾乎都離不開要奮不顧身，要堅持到底，要勇往直前，要相信自己。然而，為他們留下熱淚的我，難道就只甘心為他們的成功感到痛快而已嗎？難道不希望自己也能去創造奇蹟嗎？還是其實說白了，說了一堆理由，就是缺少了奮不顧身的勇氣。」

唉喲喂呀，這文字寫出我就是追夢女孩嘛，當之無愧！

其實，我們大部分的人生命中最重要的事，都不是經由深思熟慮才做出決定的，而是透過「不管啦」先豁出去，才開花結果的。畢竟沒人知道現在做的每件事，未來會成為怎樣的故事。所以這個時候就請催眠自己了：一、堅定的決心，二、明確的目標，以及三、超人的行動力。

於是，二〇〇七年夏天，我來到舊金山；二〇〇八年春天，我去到西雅圖；二〇〇八年夏天，我人在紐約曼哈頓；二〇〇八年冬天，我在拉斯維加斯；二〇〇九年春天，我來到了洛杉磯……。我至今依然記得，第一個晚上獨自走在舊金山街頭的味道，也不會忘記自己瘋狂到帶著狗兒子去留學。我真的做到了，在人生的里程碑上，寫下了屬於夢想燦爛的篇章。

你若問我：「流浪了幾年，得到了些什麼？」

我會告訴你：「出國前，我覺得世界是繞著自己轉，現在我覺得自己是跟著世界一起轉。」

我看到了自己的渺小，也發現自己充滿無限可能；我知道自己根本沒想像中堅強，卻也學會了真正的勇敢，因為我知道要抬頭前，就必須先學會低頭；更重要的是，我更清楚知道自己想要的是什麼，所以未來只會更堅定，不會糾結。因為讓一個夢想茁壯需要努力，但毀滅一個人的內心追求，更需要勇氣。光是想像，我就全身冒冷汗了。如果沒有那一段日子，我現在又會成為什麼樣子？年輕時的流浪，是攢來留給一生的養分呀。

人的一生當中，總是會有那些年，約莫是在二十歲初時，徬徨於夢想與現實之間。那是一邊想要忠於自我，尋找價值與意義，一邊又想要擁有理想未來的時候。有些人因為「太懂」，所以想權衡利弊，又要分析利害，最後卻在付出與代價之間，選擇了滿足當下；有些人因為「不懂」，所以毫無畏懼、奮不顧身，最後沒有被催熟，也沒有硬是要早熟，也才可以更能有溫度地活著。

我用最深刻的體會分享給大家：如果未來都將會有二、三十年的歲月，要為了生存而努力，過上日復一日的日子；那麼，如果可以，就給自己幾年的時間，試著用力「玩」一場人生，試著為自己的「想要」奮鬥一次，試著在輸得起的年紀，奮力奔跑一次。

這世上不是所有人都曾經「用力活過」，也不是所有人都有用力活過的代表作。所以，當能飛的時候就不要放棄飛；當能夢的時候就不要放棄夢；當能愛的時候就不要放棄愛。大家都說：「用最少的悔恨面對過去，用最少的浪費面對現在，用最多的夢面對未來」。所以熱情是很珍貴的，請一定要珍惜。它值得，絕對值得。

縱使我們都眼睜睜看著自己用青春換來教訓，在悲苦交雜中練就了「辣」；但，就算「辣」的本質是痛，也都盼望能勾勒出最動人的點滴精彩，成為我們後半人生的養分。

願我們永遠年輕，永遠熱淚盈眶，永遠都有可以讓自己驕傲的本錢。畢竟，現在嘴角邊的這一抹微笑，都是我們耗盡青春用盡全力，拚命想去證明的。不管好壞，我也會大聲說：我會變成這樣，都是青春害的！

魚和熊掌不可兼得

對自己狠一點，未來美一點

關於心智

當八〇、九〇、〇〇後漸漸成為許多台灣中小企業的主力，我的社會年資不知不覺也跟著跨了多個世代。我發現好像每個世代都有這樣的人，在此先統稱為「現在年輕人」好了，但請別任意對號入座。

現在年輕人在更豐沛及成熟的科技資源下成長，理應產生更多的優秀人才；偏偏相悖的地方就是「能力／意志」在世代之間，若能以量化其強度來看，那指數真的是用倍數在遞減。越是年輕的世代，能夠承擔事情的抗壓性及能力，越是無法成正比，可是想快速得到成功與肯定的心，卻又特別的強；怎奈就是特別玻璃心，特別脆弱，心智不夠強，意志也薄弱。再次強調，這不能概括所有人，偏偏我的視力範圍內所及，特別容易遇上就是了。

「我覺得我的未來還沒開始，就已經開始枯竭了。」公司老么是剛畢業的職場新鮮人。

「再這樣下去，我的熱情已經被磨光了。」二十八歲的視覺設計師小智每天哭天哭地的。

什麼意思?!

你們不是每一個人在剛進公司時，全都幹勁十足，全都飢渴似地渴望成功，全都說要親手打拚出不一樣的未來嗎？怎麼才經歷一波又一波的職場風雨洗禮後，這點舉步維艱跟徬徨感就擊潰了你們？

不甘平凡的他們，只要沒在短時間嘗到一點成就的滋味，很輕易地就會對眼前的一切產生動搖，為自己付出的努力覺得不值。他們一邊想尋求工作的意義，一邊又渴望自我價值的認同。

從根本來看，大多時候他們的迷茫與困惑都不是意識不到問題，而是意識到問題的存在，卻找不到解決問題的辦法，或是沒有想要真正去面對。

想要成功，但是又不想太辛苦；想要賺錢，但是又不想虧成本；想要紅，又不想影響生活；想要遇上伯樂，又想靠運氣；這跟想越級打怪沒兩樣呀。

除非是台幣戰士[1]，否則就是明擺著還不夠強，又懶得開外掛，偏偏都以為自己早已是無雙。如果每個人都可以省了練功和升級的時間，那不就到處都是武林至尊了！

我在他們的年紀，能力還不及他們。孩子呀，魚和熊掌很難兼得，唯有窮和醜可以，好嗎?!

如果現在的一切都這麼容易，那也一定有人替你承擔屬於你的那一份不容易，不是你的父母，就是未來的你自己。當然不努力也沒關係，反正多的是人在打拚，他們會幫你把事情都做好了，自然也會把你的錢給賺走了。

大家總說：「人都有兩條路要走，一條是必須走的，一條是想走的。」我們都得先把必須走的路走得漂亮，才有機會走在想走的路。然而，這一路上肯定不是「只做」該做的事，而是得在過程中拚命讓自己變強，才有機會得到機會。更不用說想要有好運氣，那也得是機會恰好撞上了你的努力，難不成只要

1 在遊戲中，用現金購買遊戲中的點數、裝備等，讓自己可以快速地在遊戲中取得優勢的玩家。

努力就一定會成功嗎？別開玩笑了。你才摔了幾跤，就以為這是人生？

貴在堅持，難在堅持，成在堅持

世上沒有不勞而獲，也沒有坐享其成，若想比別人貪心，就要比別人用心。路好不好走，也許我們自己不能決定，但走不走，卻只有自己能決定。

請打起精神，讓心智強大些。要成為優秀的人勢必都需要經歷一段閉嘴忍耐的時光，那是一段付出很多努力，卻得不到結果的日子。過程會辛苦是必然的，會感到無助也是肯定的，不如稱之為「扎根」。

若你覺得這樣扎根的日子有如低谷期，那也是讓你用來升級的，不是讓你用「Reset」恢復原廠設定的。

把堅持變成一種習慣。真正重要的事，用眼睛是看不見的，這就是我們生活中最重要的小事。堅持真正意義上的努力，並不是讓你庸碌工作，失去生活。

每個人追求的目標不同，一旦你覺得生活還欠你一個「滿意」，那就代表你還欠生活一個「努力」。想要快意人生，就要活得比別人努力，要麼十分優秀，要麼十分努力，不然全部都是自找的，沒有資格抱怨些什麼。

我們都需要一種自覺與意識，這就像是「如果沒有時不時抽自己幾個耳光，生活就會替你效勞。你不願意在年輕時對自己狠一點，那麼未來就不會對你好」。

這個世界就是留給有準備的人，正如同法國作家加繆曾說：「對未來最大的慷慨，是把一切獻給現在。」請試著打起精神，並學著對自己狠一點，未來才會美一點！

沒有人不辛苦
只是有人不喊疼

一旦說出「我已經很努力了」就是還不夠努力

關於努力

那是某一個上班族最期待的週五下班夜，大家如常相聚在酒吧裡，各自湊合喝酒聊天。

「可是我已經很努力了！」「不然還要我怎樣！？」不知道聊到什麼環節，S突然崩潰大哭。

S畢業後就在前東家待了要十五個年頭，經常抱怨著林林總總的不愉快，嚷嚷著要離開，卻又遲遲無作為。日前，不知在什麼契機下，終於做了「離開老工作，換份新差事」的重大決定。

然而剛開始新工作的她，似乎仍不習慣外頭世界的節奏，那一天晚上，興許只是想藉著喝酒發發牢騷，沒想到大夥兒都是在社會上打滾很久的老屁股，一個說話比一個都還要狠。

「喔，所以咧？說得好像別人不努力一樣。」

「這是工作，努力本來就是基本的。」

大家一邊喝酒，一邊一句接著一句，毫不客氣。

「你們看起來都沒有很累呀！為什麼我就需要這麼辛苦。」S繼續哭道。
果不其然，這幫人得理饒不饒人不打緊，嘴下肯定不能留亡魂。
「台上一分鐘，台下十年功啊。」
「我要怎麼辛苦給妳看？會覺得委屈就是自己沒有本事啦！」
「妳又怎麼知道我不累了？妳以為錢這麼好賺呀。」
「是不是覺得比狗還不如，我跟妳說，狗也沒有妳這麼累啦。」
我就坐在吧台上喝著酒，豎起耳朵默默聽著，偶爾回過頭插上幾句話。只記得最後女孩坐到吧台來時，我們倆小聊了一會。
「我知道妳很努力了，但努力沒什麼好驕傲的，不過就是個態度罷了，不能證明什麼。」
之後女孩開始對我訴苦，這就是一段週末夜的小插曲，至今仍深刻腦海。

我們都知道，世界很粗糙，歲月也不溫柔。每個人都有自己的路要走，要麼是帶著故事來，要麼是帶著故事走。

很多人會把所有的不順遂，都怪在現實不相挺；很多時候明明是自己的無能，也會認為是別人不配合。覺得自己每天準點上班下班少請假，就是很認真；工作都有即時做完，就叫做有努力；只要為了一點事多加點班，就認為在吃苦。

不妨試問自己，真的吃過苦嗎？什麼叫做「吃苦」？很多人以為「沒錢」就是吃苦，事實上，窮就是窮，吃苦不是忍耐貧窮和持續貧窮的能力。很多人以為「加班」就是吃苦，事實上，加班就是事情沒做完，吃苦跟能力和效率沒關係。

事實上，一旦說出口的是「我已經很努力了」，那就代表你還不夠努力。

真正吃苦的本質應該是長時間為了某個目標而用盡全力。在這樣的過程裡，你願意放棄無用娛樂，願意放棄無效社交，放棄了休息的時間，放棄了無意義的消費，願意忍耐不去享受而選擇奮鬥，甚至還要耐得住不被理解的孤獨。而這背後需要的，是強大的意志力和深度思考的能力。

所以吃苦不僅只是「努力」，還要「拚盡全力」。而努力和拚盡全力之間，差的就是堅持，是信念。而且還要承擔這個風險：「拚盡全力」不代表就一定會成功；「努力」不一定會換來「得到」。

若你還沒付出過一萬小時的努力，又何來抱怨？若沒有需要犧牲或放棄的代價，又何來資格哭？這個世界誰不辛苦？只是沒喊疼罷了。這個世界誰會不累？或許死人可能不會累吧。

畢竟活魚還能逆流而上，死魚才會隨波逐流。人生，從來都是逆水行舟，不進則退。

當然，若你想改當隻鹹魚，那也得「加油」才能翻身，不然終究都會黏鍋的。所以別再一直說「自己付出了別人難以想像的努力」。

到底是努力容易，還是想像容易？還是根本就是你高估了自己的努力，也低估了自己的想像力？但無論是想翻身或翻生，記得都要「加油」才行啊。

人生，從來都是逆水行舟，不進則退。

沒有最好的決定
只有決定之後
做到最好

猶豫時，就選擇最辛苦的那條路

關於選擇

好友結了婚，養育一雙兒女，特別幸福快樂。年輕時男方靠著才華存了一些錢，現在都還能過上有車有房沒貸款沒壓力的生活。看似特別安逸穩定的生活，但夫妻倆的工作薪水都不高，評估了一下也不覺得未來會有多大進展的可能，這時，北部有個全新領域卻是辛苦一點的工作機會，因此兩人為了未來不斷地討論著出路。

就在上台北與好友們相聚的這幾天，夫妻倆也抱著順便隨意看看台北房子的心情，想說或許會有更多不同的想法也說不定。

正如同，很多人在生命中決定的大事，並非是經過深思熟慮的過程，而是一種「不管啦」的豁出去氣魄。果不其然，夫妻倆在一個衝動瞬間貸了款買了新房，就這樣決定舉家北遷，終結穩定，重新開始全新生活。

全新的工作、全新的環境、全新的壓力，這樣看下來，人生似乎更上一層樓了，也許薪水多了那麼一點，房子也會好上那麼一些，生活品質也提升了一點。只是工作內容，是不定因子；薪水報酬高了，卻是肯定的條件；開始有了房貸，是必須承受的壓力，其餘的，都是未知挑戰。

他說：「簽下買房合約的時候，我手都在抖。」

她說：「這是重新開始，也不知道是不是好的。」

面對生命的旅程，真的不得不說年紀越大，越是沒了「重新開始」的勇氣，更別說是為人父母了，還攜家帶眷的，得需要多大的勇氣呢。

人們都希望能輕鬆過生活，都忘了有時候其實不是「能不能」的問題，而是「要不要」的決心。說實在的，人生怎麼選擇都會有選錯的時候，這世上從來就沒有最好的決定，唯有在決定之後把它做到最好，不如專心想著遇山開路，遇水架橋就好。

轉念想想，薪水升、有錢賺、朋友在，為了更好的生活，付出多一點的努力，莫當是「重新開始」而是「從新開始」，然後是「從心開始」不是更好嗎？

畢竟不是所有人都有勇氣挑戰不同的工作，也不是所有人都有機會在不同城市生活，更不是所有人都有能力住在屬於自己的家，甚至還能創造出完全屬於自己生活步調的儀式感。

生活本來就不容易，如果有天你發現生活好像沒有如想像中辛苦，不是生活變好了，而是你變強了，這背後代表的是你一直在進步。

所以猶豫時，就選擇最辛苦的那條路準沒錯；因為我知道，最辛苦的肯定就是上坡路。

輯五

心懷浪漫

給 走 在 高 級 的 路 上 做 自 己 的 你

接受自己的平凡
愛上自己的普通

小時鳥鳥，大了全力以赴變好

關於自信

還記得長達六年私立女校的生活，有個不變的定律。

也許是心理因素作祟，回憶裡班上大多數的女孩都特別優秀。她們似乎都天賦異稟，智商超群，琴棋書畫樣樣精通。明明每天念書的時間都已不夠，但她們都還能去琴房練琴、吹長笛、搞才藝，回宿舍後也不用熬夜苦讀，隔天考試照樣名列前茅，所有科目對她們來說亦是游刃有餘！

她們在我心裡都宛如活在金字塔頂端的公主，家裡背景條件大多是非富即貴，身上吃穿用的也全是好物，她們蕙質蘭心，也都善良可愛。每個人出場都像是自帶Spotlight，走路還有伍佰風扇吹，也會有自己的小圈圈、閨密群，在此姑且先以「女孩們」來稱呼她們吧。

我的功課普通不算好，芭蕾鋼琴繪畫頂多就只是菜鳥；長得不醜也不美，也沒看出女大會成天鵝樣；除了能當個體育康樂這類氣氛組幹部以外，其他完全沾不上邊；家裡沒銀也沒礦，就靠一個老爸白手打天下，就是一個平凡又普通的女子。

不過，自己獨樹一幟的鬼馬靈精味，還是有別於女孩們的貴族氣質風。從小生活就給我上了一課，明白差異化市場的重要性。怎麼說團體裡總要有個丑角，還能游走在主流團體與邊緣小群之間，幸也，不幸也。

●●人總是要和現實面對面之後，才會驚覺自己的不完整

當時的英文課會分成A、B兩班，用每次大考成績來區分誰升A班，誰降B班。乍聽起來好像沒什麼，因為通常遊走在兩班之間要上不下的，都是那幾個人。

可是這樣的做法，就是血淋淋地在告訴我們，人有分成「資優」和「放牛」兩種。女孩們都是「天堂A班」的基本角色；而我就是「地獄B班」的班底。終於在一次的期中考，我頂著地獄B班最高榮耀來到了天堂A班，結果那感覺就像是瀟灑走一回，果真下次就返回地獄了。

有些感受，是「天堂A班」的人永遠不會理解的，她們總會說：

「沒關係啦～下次努力就好啦。沒這麼難的……」

「其實我也想去B班，感覺妳們那邊很輕鬆耶～」

生活又給我上了一課，不是所有人都會好好聊天的。

這社會從學生時代開始，就一直有形無形地在教育著大家：「弱者是沒有自尊可言的」。嚴重一點，還會發現那股無形飄散在空氣裡的「種族歧視」。直到現在，我依然不明白，為什麼作業本上要標示清楚自己是A班還B班，這樣一來，別人不就一眼瞬間知道我是天才還是白癡了嗎？

只記得，當時彷彿世間所有事，哪怕對別人來說是信手拈來般容易，對我而言，這些都要費盡千辛才能得到。比如人家花兩個小時就能背起來的課文，我得花四個小時才能（不見得）記住；大家能定時就寢睡上美容覺，我一定都得挑燈夜讀到深夜，也總是最晚關燈上床的那一位。

那個時候又怎會認知到是自己沒別人聰明，只知道成績不好，就是書念不夠多，能做的就是努力努力再努力，吃飯也在看書、操場散步也在看書、去盪鞦韆也在看書，反正那個年代的學生，死嗑到底就對了。

久處在這樣的女校環境，對於一個心智尚未成熟的青春期少女而言，能不自卑已經十分難得了。或許，也是從那時候開始，心中隱約就埋下了「大家都優秀」，自己就是「不夠好」的種子在心頭。明知道自己贏不了，又不想讓人覺得自己差，這不認輸的個性，苦的就會是自己。

所以在成長的過程中，難免會對自己充滿質疑，也時不時地會否定自己；就算別人總是稱讚自己已經很好了，但總有一股無形「妳還不夠好」的聲音，讓我惴惴不安不踏實；只要沒有獲得認同，就認為是自己還不夠努力，得更拚命才行。

就這樣帶著一點狡黠高傲，內心卻潛伏著不自信的矛盾下，徘徊在天堂與地獄間，度過了青春期。

不過，也在此時才深刻體會到，世界上不是所有人都能擁有「天賦」的。我不信什麼「成功學」，也不信「努力就是絕對」。因為成功的人會告訴你過程比結果重要，雞湯文會讓你以為努力就會有回報，可是，最後不及格的數學考卷又會給你一巴掌，叫你清醒一點！

或許只有在這樣「努力又失敗再努力」的過程中，才能慢慢意識到，如果鏈條的堅固程度取決於它最薄弱的環節，誰又能嘲笑肯為最薄弱環節付出最大努力的人呢？連我自己都不應該。漸漸地，我接受了自己的普通，我只知道要全力以赴出眾。

有些事情，從來不是改變，而是接受

接受努力和天賦之間還是有差距的；接受自己只是個普通人，但又比普通人努力一點；接受因為自己平凡，所以努力才顯得可貴；接受努力不見得會有回報，但累積的都是價值。接受自己花了若干年的努力去成長，不應該換來自我懷疑與厭惡；接受自己並不是不夠好，而是「妳比想像中還要好，只是不想讓人失望」。

沒天賦又如何？就當作是單細胞生物的「簡單思維」，既然腦袋不好使，那就更要善用「心」。只要沉迷於某一件事時，反而能心無雜念地去做好這件事，甚至把這件事做到極致。

如果說人與人之間最小的差距就是「天賦」，最大的差距就是「堅持」，人才都是熬出來的，本事也是逼出來的。

只要足夠勤奮，誰都有機會成為「天才」、「鬼才」或「人才」。因為努力一定對得起自己，但天賦卻不一定能。這也是為什麼很多「天才」終究是親手毀掉一手好牌，最後淪為自以為是的「庸才」或「蠢才」。

如果說沒能一路順遂，那就讓「現實」去磨出「現世」。還是要相信這世上沒有白費的努力，也沒有碰巧的成功。能把平凡的小事做到極致，也能是一種超能力。不選擇捷徑，一步一腳印，拚命且努力，把每一件簡單的事做好就是不簡單，把每一件平凡的事做好就是不平凡，最盛大的浪漫就是終其一生的專注。

最後期盼在匆匆流金歲月裡，所有的奇蹟，都是努力的另一個名字；所有的無心插柳，也會水到渠成。

我相信，人這一輩子，不需要活太多樣子。認真做一件事情，時間就會解釋所有事。所以小時烏烏又怎樣，長大了努力出眾就好。人生本如戲，好看的就該是那份認真啊。

做自己就好
其他的交給報應

一百個人口中一百個我，是天使也是惡魔

關於自我

大家一定很難相信，關於「做自己」這件事，困擾了我大半輩子。

從小到大老媽對我的形容就是：「妳就是太任性做自己了。」現在的老闆檢討我時，說的話也是：「妳還是太做自己了。」

對他們而言，堅持追逐理想，就是太做自己了；不想隨波逐流，就是太做自己了；不懂得見勢轉舵，就是太做自己了；不願為利益妥協，就是太做自己了。

對我而言，「做自己」不是行為上的脫軌妄為，不是不懂人情世故的狂妄任性，就只是一種「信念上的堅持」；對我而言，當大家總說著「不願被這個世界改變」時，我只知道這個世界不會變，所以必須更努力地與自己較勁，因為把自己活好就是在改變世界，怎料竟也成了「太做自己」的表現。

是從什麼時候開始，「做自己」變成一種帶有暗諷意味的貶義詞，卻忘了明明小時候「做自己」是最酷的表現，怎麼長大後卻成了不成熟的行為？

我不做自己，我做誰？那我又會是誰？誰又會是我？到底我是誰？

所以，「做自己」這回事，我也會困惑，也曾迷茫，最後走在「找自己」這條路上，與其說我是在尋找自我認同，不如說是「在別人的期待下，一邊做自己的同時，一邊懷疑這樣的自己」。

做自己與做人之間的距離

就這樣一路從少女變成裝少女，從假成熟到裝可愛，在「做自己」與「做人道理」之間掙扎與懷疑。該摔的，也摔了；會失去的，也都沒了；能賠的，也賠光了。就這樣慢慢悟出一套屬於自己的處事之道。

才發現，別人眼中的自己根本就是一個偽命題，一百個人口中一百個我，是天使也是魔鬼。

事實上我是好人，卻不及天使；我非善類，又不及魔鬼。反正我就是我，不能當人間不一樣的煙火嗎？

然而，我眼中的「自己」根本就是一個陷阱題，因為「做想成為的自己」

和「做真實的自己」也是兩件事。一個是目標導向（我想要）——理想的自己，一個是存在導向（我是誰）——獨一無二的自己，都是在「做自己」的路上，但出發點不同，結果肯定也不同（大家不要糾結在字眼上，就當目標導向是指「有人設的自己」，存在導向是指「真實的自己」）。

重點就是，目標導向的人生，關鍵在於可控、可計劃，是權衡利弊；存在導向的人生，重在內省、探索、接納自我，是激發潛能。然而在資訊爆炸的現代，所有的訊息壓倒性都在創造「理想又美好的模樣」。在大眾眼前、又在不知不覺中強加灌輸了許多阻礙認清「真實自己」的資訊。因此「目標導向」的人生，更像是人眾眼裡的成功。

這就是為什麼大家總提及「人設」一說詞，也常看到許多人會在社群媒體上分享各式各樣的照片，將自己包裝成一種遊走世界各地旅行、高級VIP品味、社會菁英等模樣，然後「人設崩塌」的事件頻傳，正是因為「做你想成為的自己」最大的風險就是「你很努力爬上了山，才發現你爬錯了山」。

我琢磨了許久後才發現，當別人對我說「你真有個性」「你很做自己」的時候，一部分的人是覺得我有想法，另一部分的人則是帶著些許貶義。事實上，更多背後的原因是，我沒有走在「社會期待下，理想中的『我』這個角色，該有的模樣」。縱使我知道「理想的自己」應該要是什麼模樣，一個女兒該是什麼模樣、一個高階主管該是什麼模樣、一個下屬該是什麼模樣、一個作家該是什麼模樣，剩女又該是什麼模樣、在社會生存就該是什麼模樣……，但我的性情還是讓我選擇了最真實的方式，以本色示人。

我就是相信一個徹底真誠的人，是無堅不摧的。而人設的脆弱，就是對自我和其他人的不坦誠。要我如何面對用「自我」養成出來的傀儡，總有一天會反噬自己的可能。更不用說人設崩塌後，自我的勢急心慌又該何去何從？到那時自己又是誰？誰又是自己？光是想像都覺得可怕，我承受不起。

「做自己」不是逃避現實的避風港

不管是目標導向，還是存在導向，尼采說：「人生最艱難的時候不是沒有人懂你，而是你不懂你自己。」所以，真正本質上的「做自己」就不是一件簡單的事。畢竟我們現在能接觸到的訊息與誘惑何其多，又要如何在穿越層層迷霧之後，才能去認真面對生命的意義。縱使這三個字背後就像是帶著巨大的想像和無盡的美好，也正因為如此，才更不該用來當作逃避現實的避風港。

至於我，「做自己」不代表就是不顧及別人的感受，只想著自己的感覺，也不代表就無法達成社會期待。如果說一個活得極致的人，有多少人喜歡，就會有更多人討厭。那麼好的做自己，當身邊人的天使；壞的做自己，做其他人的魔鬼。時間會告訴你，唯有那個深情不計得失的自己，才最彌足珍貴。

人生真的不過數十載，不管是理想中的自己，或是獨一無二的自己，走上野蠻向上的成長之路，要為自己而活，就要為自己負責，其他的就交給報應吧。

努力
不一定會被看見
休息一定會

因為努力生存，更要盡情生活

關於休息

不知道大家有沒有發現一個有趣的現象，每當人們在社交平台上分享出遊玩樂的照片，底下總會出現許多像是羨慕又似譏諷的留言：

「有錢真好」

「賺太多」

「過太爽」

正所謂「努力不一定會被看見，但休息一定會」，也許這就是許多人表達關心的方式，但，到底是從什麼時候開始，就連放假或是休息都成了罪惡？

也難怪現在有很多人放假的時候，還會叮嚀親友說：「欸，不要上傳有我的照片喔。」

我們先不管到底「事實上的生活」過得好還是不好，畢竟活在虛偽的年代，太多人在社交平台上包裝出來的表面生活，也都是為了塑造人設。

那麼，假設「先」撇除這些背後特殊狀況（人設包裝、蹺班摸魚等）的前提下，單純就只論：「看到朋友可以每天這麼爽、這麼快樂、這麼無憂無慮地享受生活，我們不是應該要替他／她開心嗎？」

畢竟說實在的，能擁有這些，是福氣呢。

成年人的生活多半是為了柴米油鹽在前進，稍作停歇不是餓死就是罪惡死，但凡能在熙攘疲累的現代生活裡，哪怕只是年假排休，或是忙裡偷閒，或是待業喘氣，一個人可以三不五時停下腳步，都是難得；一個人偶爾不用為五斗米追逐，也是福氣。

我們這麼努力生存，不就是為了盡情生活嗎？

別人問我：「看姐妹淘們的亮麗生活，妳不羨慕嗎？」

我怎麼會不羨慕呢？當然很羨慕，畢竟自己的人生又還沒昇華到無欲無求的境界，當然也會想要過上好日子！只不過，羨慕是一回事，並不代表需要破壞或是嘲諷他們能擁有的快樂和幸福呀。

有些人一輩子天生要勞碌，才能勉強過上好日子，汲汲營營奔波度日，付出的努力不會辜負自己就是滿足。有些人直接投胎在富貴人家，飯來張口茶來伸手，看似無憂享受的背後，需要承擔的責任和壓力可能相對也高。

也許他們從來無法停下腳步好好休息，可是日子過得也算踏實安穩；或許他們放任不拘狂歡過日，又有多少人了解獨處時的孤單與寂寞，我相信老天爺還是挺公道的。當然你若是想拿一些「特別案例」來這邊瞎掰扯，那我也當你日子過得閒逸無聊，開心就好。

我當然羨慕那些照片、那些貼文、那些分享、那些笑容、那些快樂、那些陽光、那些藍天、那些大海、那些花草綠地、那些野餐下午茶、那些光療指甲、那些出國旅遊、那些一路順遂快活的人、那些隨心花錢的人、那些沒遇過挫折的人、那些沒受過傷的人……。

如果上述全都是真的，不就代表朋友們過得很好，很幸福。那就都是滿滿的福氣，是多麼難能可貴的事呀。

或許朋友們沒有經歷過許多事，所以無法體會很多心情；也許是自己的心聲常常無法抵達，使得感受總是有偏差。但，不正因為自己走過風雨，更不會希望朋友也遇上苦難。難不成為了讓他們「瞭解生活苦」，就希望他們遇上「衰事」嗎？

沒遇過挫折是好事，生活能順遂快樂就要一直保持下去，天真一點又何妨？如果能一直肆意快活，把所有事情都看得沒什麼大不了也沒關係。當朋友的我們不更應該為他們能擁有的幸福感到開心？難不成真有人希望「他們就是不懂人間疾苦啦，總有一天會跌倒啦」，那你就老實承認自己是「吃不到葡萄，嫌葡萄酸」的那種人吧。

我依然不明白為何有人會留下那樣酸不溜丟的發言。是想要表達自己很累很辛苦？還是想讓對方覺得出去玩很該死？又或是，是希望大家都跟你一起一輩子不得閒嗎？

不妨試著擺脫過去不被期待的日常，享受現在無限可能的如常，我相信有一天當你可以閒逸過活時，你一定會希望人家都能真心替你感到快活的。有時候能為別人的快樂而快樂，是多麼浪漫的驕傲。

感到孤獨的時刻，
就是你最需要
自己的時刻

孤獨的力量

關於沉澱

「懂越多就越像這世界的孤兒，走越遠就越明白世界本是孤兒院。」——韓寒《1988：我想和這個世界談談》

以前總想擁有一眼能看破本質的能力，所以拚了命去學習各種邏輯思維，再到各種組織結構和系統運作，直到伴隨著經驗的累積和歲月的磨練，終於開始有了一套屬於自己做事的方法。

結果發現自己有了能力還不夠，因為有一種無能是「無以為力」，還以為往上爬，爬到最高就不用看任何人的臉色，但事實上高處不勝寒，越是站在塔尖上，越要小心翼翼，如履薄冰。因為真正難的，從來都不是事情；讓人糾結的，永遠是猜不透的人心。

搞了半天，擁有「一眼看破本質的能力」又有何用？還是得學會，看事不說事，避開套路和陷阱；終究得明白，看破不說破，不如難得也糊塗；畢竟大家都說，過好自己的人生就是了。

過好自己的人生，這樣就好了嗎？

於是，學會每天上班下班回家吃飯洗澡睡覺，日復一日。不管是面對親情、愛情、友情，以及工作、生活和自我價值，就這樣逢迎在喧囂的人群之中，似乎一切都過得挺好，彷彿不寂寞。

但為什麼和熟悉的人面對面，卻總是有話說不出口；和一群朋友相聚，轉過身來疲憊感卻湧上心頭。看著臉書、Instagram動態上的朋友越來越多，可真正會聊天的沒幾個。結果狂歡之後，反而倍感空虛；被世間繁華包圍，也依然感到蒼涼。

當處於人生低潮時，內心的苦悶和辛酸無人能懂，面對接踵而來的困局，卻發現連身上的擔子和負累也無人能傾訴。你開始懷疑，是不是因為自己的努力和獨立，讓自己喪失了被照顧的權利。結果大家都說：「這就是長大呀！」正如同「有風有雨是常態，風雨兼程是狀態，風雨無阻是心態」，不學著把自己當成齊天大聖孫悟空闖江湖，心態崩了也只能說這就是被淘汰。

正因為所有不走心的努力，就像是在敷衍自己，卻也因為努力後的無能為力，才會如此沮喪。本來以為孤單的時候，只要有人陪伴，情緒就能得到安慰，才發現問題從來不是孤單，因為你從不寂寞，只是覺得有點孤獨罷了。

你必須慢慢去懂得，「孤獨」是人生的一種常態，是長大都要面對的事實。而當挫敗感襲上，在某個時段降臨到你的身上，從此變成你的一部分，或許這就是每個人都必經的過程。

有一種孤獨，就是戒掉自己的傾訴欲，不動聲色做自己的擺渡人。

這時候感到孤獨就對了。感到孤獨的時刻，正是你最需要自己的時刻。不要忽視這樣的孤獨，因為它能讓你更強大。試著學會愛上孤獨，學會與孤獨共處，學會和不愉快的情緒共處，那才是真正最貼近自己的時候。這世界有太多的聲音，城市在喧囂，現實在吵鬧，過往的人都在說話，你可以傾聽，但不要被淹沒，最後停下腳步，不要忘記聽聽自己，學習獨處。

與自己獨處能幹嘛？

你可以選一部能觸動內心的電影，一個人啜飲紅酒的電影夜晚也能是專屬於你的浪漫。讓自己沉醉在劇情裡，就算跟著故事情緒崩潰，那也是你一個人的事；你可以帶一本書去喜歡的咖啡廳坐上一整天，一杯拿鐵配上一塊蛋糕，遨遊在文字的世界裡，累了就抬頭發呆看看窗外，看看周遭，看看別人都在做些什麼；或是一個人去聽一場音樂表演、再去做SPA按摩放鬆兩小時、也可以去逛逛書店、去嘗試想學的課程、好好地佈置家裡……。

當你不必花心思與人交談，當你的全世界只剩下音樂，當你全心全意專注在享受當下，當你可以完全活在自己的世界，這種獨處是專屬於你與自己的約會，內心只會有充實與美好的感受而已，慢慢地你會越來越了解自己，當越是瞭解自己，越能明白自己的無知；也因為瞭解得越多，越會感到孤獨，只有這時候才是真正地沉澱自己。當獨處成了習慣，漸漸地也會習慣這些不習慣，甚至愛上這種習慣。

我覺得這是好事，因為愛上孤獨，也代表你愛上了真實。當一個人獨自面對自己的內心，無論是惡、是善、是誠、是假、是愛、是恨，都是內心深處的獨白，唯有獨處的自己，才是最真實的。你能欺騙別人，但在孤獨時，你沒辦法欺騙你自己。

透過獨自對話，才能剖析自己，了解自己，讓自己從內心深處修整，從忙碌中解脫勞頓，從迷茫中理順思緒，從懵懂中逐漸清晰，從頹敗中逐漸堅強，從迷路中走到正途，從陰暗走到光明。

或許也可以說，愛上孤獨，其實是愛上了放下。當現實把心都塞得滿滿的，當大家為了前途、家庭、事業、權力、名利，不給自己喘息的機會。不如在孤獨的時候，放下重負。放下匆匆的腳步，放下繁華的現實，放下愛恨情仇。放下該放下的，不要讓自己太累；充實該充實的，不要讓自己空虛。

我記得張嘉佳曾說：「孤獨是全世界，是所有人，是一切歷史，是你終將學會的相處方式。」

不如我們就走完該走的路，才能走想走的路，知道外向是生活所需，孤獨是自我享受，瞭解熱鬧有熱鬧的情趣，孤獨有孤獨的浪漫，願我們皆能放肆繁華明媚，也能享受一個人的狂歡。

「孤獨」是人生的一種常態，
是長大都要面對的事實。

每個人
都只能陪你
走一段路

可以念舊，但別期盼一切如故

關於緣分

大家是否也有著類似的回憶？小時候，家裡時不時會有客人來作客，父母也常會帶著我與他們的同事朋友們一起出遊玩樂，只記得當時見面一嘴一個：「××叔叔」「××阿姨」「乾爹」「乾媽」地叫，那個年代的家教，學得就是一個嘴甜。

只是，越長越大，就再沒見過這些叔伯阿姨們了；然後日子過著過著，父母也不常和這些朋友姐妹們聚會了。最後他們似乎只會出現在聲聲嘆息裡：「××姨做了什麼事……」「跟爸爸很好的××叔又怎樣了……」

也許是小孩子的腦容量就那麼丁點大，所以才會對那些跟父母相處很久的叔伯阿姨們，留有特別深刻的感受，只記得他們都是對我很好的叔伯阿姨們，當然也很輕易地被父母的說詞，改變了他們在我心中最後的印象，最後只留下「他們都是『壞人』」的回憶。

小孩子的世界就是這麼簡單。

現在認真想想，那些腦海裡有印象的叔伯阿姨們，也就是我們現在這個年紀。我們當時那小甜嘴裡一口一聲喊的叔叔阿姨，不就是現在我們身邊這些酒肉狐群狗黨們嗎？

看著現在的好友們時不時會帶上自己家裡的小朋友出場，而我們也會跟孩子們玩成一片，他們每一個也是叔叔阿姨地叫，這根本就是「既視感」無誤！

前些日子和好友吃飯，好友如同往常般說著閒事：「你知道×××最近和○○○鬧翻了嗎？兩個現在已經不好了。」

生活裡最常聽到的八卦瑣事，不外乎就是「誰跟誰沒來往了」「誰跟誰又為了什麼事沒聯絡了」意外嗎？當然不意外。

時代在改變，思想會轉移，想法能創新，技術會進步，但唯有人性，恆久不變。這也難怪每個世代的人，到老了都有個相同的體會，最後全都濃縮成了一句：「這就是人生啊！」

真的不是只有你，這是我們每個人生活裡都會遇到的破事。不只有爸爸媽媽爺爺奶奶，哪怕是祖宗十八代以前的人，也和現在的我們會遇上的「人心」相差不遠。

那些曾經以為很要好的朋友，那些曾以為會一直結伴走下去的人，總在開始和結束之間，我們沒有誠摯打招呼，也未曾好好地說再見，留下的總是悲傷蔓延。也會納悶為什麼走著走著就走散了，但好像也沒有為什麼，就是「人在風中走，聚散不由你」。

張嘉佳說：「十年醉了太多次，身邊換了很多人，桌上換過很多菜，杯裡灑過很多酒。那是最驕傲的我們，最浪漫的我們，最無所顧忌的我們。」只是看著時間一天天地過，好像什麼也沒變，只是回頭認真看時，發現每件事全都變了。

況且宇宙總是會存在著一股奇妙的相悖論，譬如那一句「向來緣淺，奈何情深」。如果生命必須有裂縫，陽光才照得進來，那就當不痛一下，還不覺得自己活過呢。

撇除國恨家仇利益糾結，人跟人之間還能有什麼深仇大恨呢？人心換人心，我們擁抱每一種相遇，同時也接納每一種失去。如果每個人都只能陪自己走一段路，我們沒有辦法阻止一個人的出現或離開，唯一能做的，就是在這一段時間裡不要後悔。

總之，有些人後來就真的再也沒見過了，而至今還在身邊的，一萬次道不盡的感激。

如今縱使會念舊，也不再期盼一切會如故；這段路，你若不棄，我便不離，但若要嫌棄，就死一邊去吧。緣分這回事，最不需要的就是為難自己了。

我們沒有辦法阻止
一個人的出現或離開，
唯一能做的，
就是在這一段時間裡不要後悔。

身分很多個、面具很多張，心就一顆

去你的斜槓人生

關於角色

大家都說：「人生就如一場戲」，簡直老哏到不行的開頭，但人生這場戲，「角色」肯定不老哏。

其實「角色」一詞最先源自於莎士比亞在其劇本《皆大歡喜》中：「全世界是一個舞臺，所有的男人和女人都是演員，他們各有自己的進口與出口，一個人在一生中扮演許多角色。」

後來社會學家才把戲劇中的「角色」概念借用到社會（社會心理）學裡來，然後產生了「社會角色」一詞。也正因為擁有各種不同的社會角色，也才能構成社會群體或組織的基礎。而每個角色都會有其義務的規範與行為模式，這也是讓社會不斷運轉之始。

正因為每個角色都會想要追求自我，因此當欲望交疊，角色與角色之間也就會多了很多憂愁與苦惱，所以為了生活，也就有很多張面具。

這讓我想起某日朋友與我一同去參加活動，當大遇到非常多不同圈子的朋友，而每個人對我的稱呼都不一樣。親密一點的呼喚小名，有的則是叫外號，職場打滾肯定都是叫英文名，當然也有人直呼名諱不戴姓，友人突然對我說：「我發現你的人格可以瞬間轉變……」。

當時我認真地想了想，到底是我的人格可以說轉變就轉變，還是我的角色可以說變就變，更或者是說，其實面具，從來就不只有一張？

我們大多數的人在一天當中，至少有十種以上的角色要扮演，當爸媽的子女、當孩子的父母、是手足的兄弟姐妹、某人的另一半、公司的好同事、下屬的主管、長官的部下、戀人的另一半、店家的消費者、司機的乘客等。

每個角色都有自己的責任和義務得去面對，有些角色特別輕鬆自在，有些角色必須嚴肅對待，有些角色需要認真，有些角色隨便就好。在每場不同的戲，換上不同的面具，然後，就這樣在生命的旅途中，演完一場又一場。

也許有些角色你扮演得特別不好，有些戲你又特別入戲太深。肯定會有特別執著的角色，也有可能是將錯誤的角色放到另一個角色的場景裡⋯⋯。

有時會納悶為什麼人家都只是友情客串；受傷了就會懊惱自己幹嘛總是傾情演出；有多少人不過只是逢場作戲，自己卻假戲真作動了真情；到底是角色出了問題還是哪裡出了錯，為什麼自己總是演成鄉土劇，別人的不切實際還是可以演成偶像劇？

於是，開始質疑自己是不是不夠好，是不是長時間扮演某個特定角色時，就認為自己「就是」那樣的人，或是也「只能」是那樣的人？

有時候正是因為這種自我懷疑，使我們看不清楚這一切只是一場客串，一旦停止從事那角色的戲分時，便是終了。就比方，對方喜歡上的是活出自我的你，你卻在愛上了他以後，莫名地失去自我，而他就便沒那麼喜歡你。

其實，我們過於習慣在別人面前戴上面具，最後導致在自己面前也偽裝了自己。人生雖如戲，但是戲從來就不是人生。我們怎樣都不能讓角色限制了自己的人生，也許角色會決定故事的走向，但唯有本心會帶著自己走去目的。

有人說：「本色做人，角色做事」無論在扮演哪種角色，無論是脫下面具還是戴上偽裝，還是要保有本色與初心才行，如此一來，也才能在各個角色裡展露獨一無二的限量風格。

無論是脫下面具
還是戴上偽裝，
還是要保有本色與初心才行。

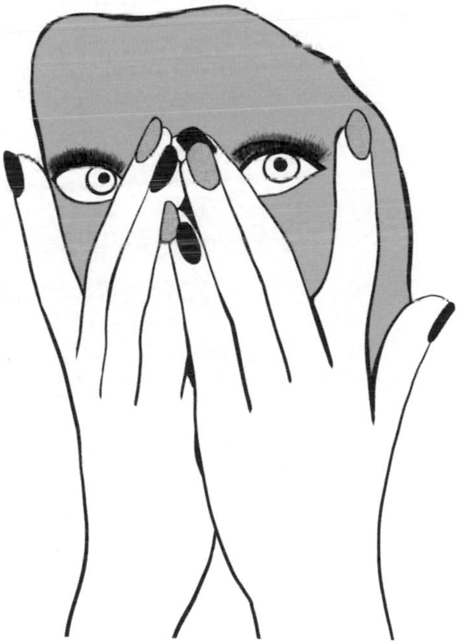

醉翁之意不在酒

有時候陪伴自己的不是別人，
而是手中那杯酒

關於解憂

那一晚A男心中特別煩悶，所以找我去酒吧喝酒聊人生，他說自己最終還是沒跟那個心中完美的天菜女孩在一起。

「為什麼？」我和他輕敲了下杯。

「因為她喜歡喝酒……」他自己也有點不好意思地說。

「你、什、麼、意、思？」那我們現在在幹嘛？喝酒不行嗎？

「我不喜歡會喝酒的女生，覺得晚上會在外面喝酒的女生很……」

「很什麼？你說啊，很怎樣？」還給人上「會喝酒的女生」標籤呀！

「妳很好呀！妳沒怎樣呀！又不是在說妳。」怎樣？難不成我不是女的？

「那個天菜女孩犯了什麼錯？這是哪來的謎之雙標？」老朋友就要毫不客氣。

「不是呀，就感覺不適合家庭……」他抓了抓頭髮，又喝了一口。

「…………」簡直就是一隻沙文主義的豬。

真放肆不在飲酒放蕩，假矜持偏要慷慨激昂

我們當然都知道「小酌怡情，大飲傷身」，管他是大飲小酌，很多人可以把酒言歡共敘衷腸，也能一起對酒當歌酣暢淋漓，但奇妙的是，還是會有人潛意識地認為「會喝酒的女生」不會是一個「賢妻良母」？彷彿還暗藏一個「愛玩」的貶意暗示？

事實上，生活中也不難窺見，不喝酒的人常會對喝酒的人說：「你少喝一點」「喝酒對身體不好」都違論這是關心之名，還是善意之舉，也難免會透露出一種隱晦的偏見。畢竟主語是對我，本質上就已經是一種俯視了。更不用說那些潛意識裡對喝酒的偏見標籤，沒能理解卻又帶著觀點；更可笑的是，還有雅俗之分，喝紅白酒的形象好像高雅一點，暢飲啤酒就顯得庸俗了。

年輕時還會憤恨世俗這樣的眼光，總覺得為什麼會喝酒的女生，就要被貼上許多標籤。如今這歲數了，我買標籤機讓你幫我貼，這是成年人的世界，Come on——酒精就是眼淚的替代品，不想泛淚光，就是喝光它呀，還跟你玩

貼貼咧。真的是比起這一眾嘴，倒不如相信乾杯的誠意還好一點。

人生若有什麼事情無法解決，就喝一杯吧

其實，大家對酒精本質的理解下，它就像是一種夾雜了正面能量與負面情緒的產物。與酒共存能讓我們享受人生，當然也有可能毀掉人生。所謂醉翁之意不在酒，若是聚焦於酒精的功能，都不是因為酒精帶給生理上的反應，而是它扮演了許多人心理層面不一樣的代名詞。

酒精，是荒腔走調的青春裡，大喜大悲的催化劑。

酒精，是苦樂參半的生活中，擺脫束縛的神仙水。

酒精，是成年人的世界裡，忘憂當下的特效藥。

第一次喝酒的人，肯定都覺得酒是苦的，那為什麼愛上喝酒的人總是說酒不苦？其實，不是酒不苦，應該是心裡比酒更苦，而我們愛上的，也許就是酒後的反差：心情好時，待酒精發酵後，特別爽快，所以好喝！心情差時，待感

官麻痺後，才能痛快，所以好喝！因此，不喝酒的看喝酒的，一個個像瘋子；喝酒的看不喝酒的，一個個像傻子；所以越是懂喝酒，便越是矛盾。

如果你問人：「為什麼喜歡喝酒？」他們可能會回答：「因為它好喝。」「因為它難喝吧。」又是好喝又是難喝，跟生活一樣，又是甜又是苦。高興時會哭、會喝酒；傷心會笑、也會喝酒。有時候喝酒不是為了喝酒，而是戒不掉朋友。有時候醉酒不是真的醉酒，而是找藉口逃脫。大家不也都是在一旁看透不說破，這不就是人生。

有時候陪伴自己的不是別人，而是那不懂得說話的酒

畢竟低潮的日子裡，那些數不清多少個無法入眠的夜晚，我也曾每天需要小酌微醺助睡，但那並非是酗酒。然而，我卻可以很清晰地感受到朋友們用著無法理解的心情，彷彿是我墮落了。我像是清醒地在看著別人眼中墮落的自己，而陪伴自己的竟是手中那杯酒。

「你醉了，少喝點——」反正我醉與不醉是在你們眼裡，但真正醒與不醒卻是在我心裡。就像白天早已習慣扮演著局裡的局外人，到了夜裡黃湯下肚依然是清醒的醉酒人。偶爾難免會有些許失落，但又難以抗拒迷戀這既真實卻跳脫的感受，能讓自己沉醉於無以名狀的悲愴中，卻還能夠掩飾自己不被人發現的窘迫，因此偶爾喝上一杯酒，也是讓生活能繼續微笑的原因，大家也就別過度苛責了。

當大家都將酒與悲傷串連在一起，好似酒精不只能帶走人的理智，也能沖走人的情緒，卻忘了，年少時的喝酒狂歡是想擁抱生活所有的美好，長大後的喝酒作樂是即使知曉世界醜惡，仍想把美好留在這一刻的豁達！

直到最後的醉後，時光將故事釀成酒，人生短短幾個秋，三不五時敬往事一杯酒，將所有一言難盡一飲而盡。一杯敬過去，一杯敬過不去，故事與人不強留，微醺就好，看透就好。

若問當下何以解憂？那麼今晚我乾杯，看倌們隨意就好。

一個人
也要浪漫過生活

不做現實裡形式的走肉

關於生活

現在是一個矛盾的世代，在生存以上，生活以下，似乎金錢可以滿足很多事，也能成為世人量化一切的標準，但還是會有許多的無奈，是存在那無法抗拒的現實裡。

因此，總是會用這句話：「當理想快被生存磨滅時，記得把生活調成喜歡的頻道。」來提醒自己。

試想，就算努力珍惜每一個分秒當下又如何？許多的結束不也依然是以分開別離作為謝幕，更多的感受最終換來的都是無盡的空虛與寂寞。

那麼，其實「論感受」，努力前與努力後，大致上是相同的。

到了三十以後，我都會這樣告訴自己，所有的理由都不是理由，所有的藉口都不是藉口，沒有人會關心你選擇和決定時的痛苦和無奈，別人看到的都只是自以為的事實，但你也不能怎麼辦。

到了三十以後，我會這樣告訴自己，關於理想、完美、完整終會被磨滅，所謂的「生活」，正是我們這一代熱束燃燒，卻總在無情中耗損的「長大」。

到了三十以後，面對生存以上，生活以下，更要努力地積極面對生活，讓自己問心無愧地向前大步走著，只盼能在險惡中堅持自我，奮力維護心底那份尚未消失的美好。

我也會換個方式想，原以為生存快將自己磨碎，其實它在教會你細膩，琢磨出生活的細節，避免自己太過粗糙地度過一生。

縱使我們始終有現實要面對，但不管一種精神也好，一種態度也罷，找個屬於自己的「爛漫之道」，別讓生活「只剩下＿＿＿＿＿」，要讓生活「除了＿＿＿＿＿，還有＿＿＿＿＿」，生活才會多點色彩好味道。

最後在平凡又瑣碎的日子裡，像是找到詩意的Tempo，找到繼續前進的微光，找到不願將就的勇氣。就像是每天早上一杯Americano；每週一天踏上高跟鞋上班；還要一天，下班吃飯約個會；再有一晚，享受獨處喝紅酒；再選一天，下班散散步回家；然後TGIF，一定要喝酒啊！最後週日，好好吃頓飯看場電影，都是一週能做的最棒的事……。

畢竟這都是生活在城市裡的人生百態，生存以上，生活以下，屬於我們最平凡的大城小事，就是一個人也要浪漫生活呀，絕對不要變成現實裡形式上的走肉啊！因為我知道，所有最美好的，總會殘留在這些荒謬的餘味裡。而這些不就是我們耗盡青春，用盡全力，拚命想去證明的……嘴角這一抹微笑，也才有這些我能和你分享的這一切，最重要的小事。

走過甜苦甜苦的青春
終成甜酷甜酷的大人

後　記

終於，我們也來到了這一站，就叫「終於」。

真的就像是夢一場，我終於完成了這件事，為自己再次寫下一個新的里程碑；大家終於看完這本書了（吧？）終於，我不是只有在自己的世界裡寫著矯情作態的文字，而是真的能在這樣 個功利的世界裡，浪漫地活。

是從什麼時候開始的呢？我想應該就是「網誌」剛問世的年代吧，一開始大夥只會寫些狗屁倒灶、無病呻吟的生活瑣碎；但慢慢地，隨著年齡與思想的成熟，內容開始多元了起來，也受到一些注目，從寫網誌變成寫專欄，偶爾還多了一些專業分享和開箱介紹，當然，最後不忘的都是那些我想對這些世界說的話，還有一些屬於我自己那些微不足道的……志氣。

身為一個不大會主動與人述說心裡話的人，很多時候都得靠文字來與自己對話，才能更深切地去感受事情，去反省過錯，去堅定信念，也才能從這樣自我坦誠的心情流露中，認識最真實的自己。因為，有太多的事情，都只有在娓娓道來的同時，才有辦法真正站在一個旁觀的感受去正視問題，也才能找到關鍵的癥結所在。

對我而言，「自由寫作的過程」就像是自己又陪著自己活過了一遍，是一種屬於自己在紅塵中磨練歷久彌新的方法，也是不讓初心淪陷之道。

二〇二二年初，一來想要遠離人情枷鎖的存在，二是想重拾寫作的快樂而非壓力，三是想多點時間陪著狗兒，因此有了「力口木木」的存在。

然而，肯定是鬼馬靈精的宿命。我從無意劍走偏鋒，但卻總是莫名把路走成了不在常規路上的風（瘋？）。只是這次我很幸運，一年裡能有著許多老木們的陪伴，讓我這樣一個迥異於常的女子，一個不走在大道理路線上、不寫陳腔濫調的文字，更愛一本正經胡扯熱血信念的人，就是相信自己能用文字的力量，擁有那麼一點微薄的影響力，鼓勵著大家和我一起向前，也才能在一年半後的此時，有了《去你的三十而立》的誕生。

最後，終於——來到了這一刻。

其實我是膽戰心驚的。我家悅知的編輯小姐姐似乎一直被我不羈的文字給驚嚇到，總含蓄地對我說：「妳的書確實比較不一樣，從妳的文字可以感受到妳的個性。謝謝妳讓我做一些刪減，我就怕太直接會嚇跑一些讀者。」然而Instagram上的老木們卻說：「就愛木木這勸世又厭世的味兒。」但我心裡只想著，「人生嘛，不是每個人都能理解自己的，堅持走好自己的路最重要。」

畢竟「堅持」「變強」「初心」不就是這本書從頭到尾的主軸精神。想要信手寫作這回事，還非得從自己的個性出發才是真道理呀。

不過，倒是有件事情特別困擾我，就是每當別人問：「你是寫什麼類型的書？」不知怎地，連我自己都很難說出「心靈成長（勵志）」四個字來。

唉，不是，你們說我老是去來去去的，怎麼說都和「心靈勵志」這人設有違和，所以最後只好都戲稱自己這叫「戰鬥文學」。

還是說……這就是傳說中努力到不自知的感覺嗎？我走著走著，從魔女路線也走成了勵志女王?!哈哈哈哈哈哈哈。

說到這也要提件事，其實生活是我的，日子是我的，經驗也是我的。我能夠隨口說出上百句刻在我腦海裡的名言語錄，太多大同小異的內容我不知是從哪時就記下來的，每次苦口婆心碎念著辦公室的小朋友時，時不時噴一句話，大家也是：「ＷＯＷ，快點寫下來，木木金句。」但事實是，不論是工作需要或自我滿足，不管是市場趨勢、鄉民網文，再到小說文學，我每天龐大的資訊閱讀量，要不是現在都買電子書，不然什麼叫渾身散發出書卷味，大概就是那種感覺了。最後，長期累積下來的結果，有時就連我自己信口捻來的一句幽默幹話，到底是否叫「原創」，連我自己都會懷疑我自己。

我想說的是，身為一個廣告創意人，也能理解「所有的創意都是從模仿開始。」連創意之神賈伯斯都說：「好的藝術家抄，偉大的藝術家偷，所以我們向來對偷取偉大的點子這件事，一點都不覺得可恥。」時，我看著自己說過的垃圾話，被別人當成語錄到處散播。我心想，如今在Instagram這語錄橫行的年代，連出處都是公婆各說各有理了，真的就是笑看隨便啦，畢竟有時筆下名言口出金句，不過也都只是強迫症犯病，硬要對稱押韻罷了。

所以文章內容才是真的重點，心情分享才是最實的感受；所有的信念都是前人走過，而我所想跟隨的，其餘的不過都是換句話說罷了。因為在我的世界裡，大部分的事情出發點，都是「講感情」的，因為我就是堅信，任何說出口的話，決定要做的事，初衷就是「徹底坦率，善良真誠」，那麼「感受」絕對是騙不了人的，我未必能做到完美，但我會力求無愧於心。

反正早晚有一天你們會知道，若是心中沒有信念，這世界最虛假的不是童話故事，而是勵志雞湯。畢竟所謂的雞湯，不過是成功的人把雞肉骨頭給啃光了，留下給大家喝的清湯罷了。

大家都是頭一回做人，我也不是誰，實在沒資格用「教你」「告訴你」的語氣來說事，所以我一直用自己的信念和態度在分享，我也許沒有能力解決大家的困擾與煩惱，但至少能竭盡所能陪伴大家在茫然的路上，盡量堅定一些，互相攙扶，不至於孤單到走入絕境。

最後，哪怕我知道說出這樣的話很害羞，但……我依然期許自己可以成為一個有力量的人，我還是想要當一個有志氣的人。

我沒有天真的以為靠熱情就可以改變世界，但我知道自己若有能力去改變那些我看不慣的……，那麼至少至少，我已經從自己開始改變。我知道有很多讀我文章的人都很年輕，哪怕只有一個人被打氣到，或是多堅持了一些，更或是也一起朝著「自己想要成為的大人」邁進，那這一本書的微薄影響力，真他×的就值了，這也才是我自己最務實的浪漫呀。

因此，看不看文章不重要，喜不喜歡雞湯也不重要，堅持下去才重要，於此走過甜苦甜苦的青春，終成甜酷甜酷的大人，帥啦。

這本書，獻給陪伴我十七年的狗兒子 小嘎。

謝謝你，陪我追夢，築夢，飛高，墮落，再起；這一路沒有你，我不會那麼堅強。

謝謝你，陪著我留美，返台，在外吃苦；這一路沒有你，我學不會勇敢獨立。

謝謝你，陪著我踏入深淵，走入黑暗，走出低潮，這一路沒有你，我熬不過來。

謝謝你，陪我走過青春的美麗與哀愁，陪我走過整個青春到結局。

接下來的路，你在我心裡。我會努力達成那些跟你誇下海口說的事，然後在我們相逢的那一刻，抱著你好好跟你炫耀。謝謝你，我愛你，我也好想你。

不過，這個後記越寫越長，簡直就是神經病，就到此為止吧。

原以為生存快將自己磨碎，其實它在教會你細膩，
琢磨出生活的細節，避免自己太過粗糙地度過一生。

去你的三十而立

——致那些陳腔濫調，混出來的人情世故

作　　者　力口木木 Licomumu

責任編輯　鄭世佳 Josephine Cheng
責任行銷　袁筱婷 Sirius Yuan
封面裝幀　木木 Lin
版面構成　譚思敏 Emma Tan
校　　對　黃蕆菁 Bess Huang

發 行 人　林隆奮 Frank Lin
社　　長　蘇國林 Green Su

總 編 輯　葉怡慧 Carol Yeh
主　　編　鄭世佳 Josephine Cheng
行銷主任　朱韻淑 Vina Ju
業務處長　吳宗庭 Tim Wu
業務主任　蘇倍生 Benson Su
業務專員　鍾依娟 Irina Chung
業務秘書　陳曉琪 Angel Chen
　　　　　莊皓雯 Gia Chuang

發行公司　悅知文化　精誠資訊股份有限公司
地　　址　105台北市松山區復興北路99號12樓
專　　線　(02) 2719-8811
傳　　真　(02) 2719-7980
網　　址　http：//www.delightpress.com.tw
客服信箱　cs@delightpress.com.tw
I S B N　978-626-7288-52-8
建議售價　新台幣360元
首版一刷　2023年07月
　　五刷　2023年11月

國家圖書館出版品預行編目資料

去你的三十而立：致那些陳腔濫調，混出來的人情世故／力口木木著. -- 初版. -- 臺北市：悅知文化 精誠資訊股份有限公司,2023.07
面；公分
ISBN 978-626-7288-52-8 (平裝)
1.CST: 修身 2.CST: 生活指導 3.CST: 成功法
192.1　　112009312

建議分類｜心理勵志